G. A. Bondarew

Die Ereignisse in der Ukraine und ein mögliches Szenario der Zukunft
2. Teil

Gennadij Bondarew

Die Ereignisse in der Ukraine und ein mögliches Szenario der Zukunft

2. Teil

Essays

Basel
2015

Aus dem Russischen von Roman Studer

Bibliografische Information der Deutschen Nationalbibliothek: Die Deutsche Nationalbibliothek verzeichnet diese Publikation in der Deutschen Nationalbibliografie; detaillierte bibliografische Daten sind im Internet über http://dnb.dnb.de abrufbar.

Herstellung und Verlag:
BoD – Books on Demand, Norderstedt

ISBN: 978-3-7386-1206-6

Inhalt

I. Das Maß aller Dinge 7

II. „Hinter den Spiegeln“ des Jahres 2015 41

III. Ost – West 53

IV. Das Urphänomen der modernen Politik 67

V. Die welthistorische Aufgabe Mitteleuropas 98

Inhalt

1. [illegible]
2. [illegible] 2015 [illegible]
3. [illegible]
4. [illegible] Politik [illegible] 67
5. [illegible] 104

I. Das Maß aller Dinge

Wie im ersten Teil unserer Untersuchungen, so werden wir auch im zweiten oft mit Hypothesen, Annahmen, Vermutungen arbeiten. Deshalb sind die Schlussfolgerungen, die hier entstehen werden, unsere eigenen, und vom Leser selbstständig, aktiv der bedachten Prüfung zu unterziehen.

Unsere Darlegungen haben das Ziel die Aufmerksamkeit der Menschen auf eine bestimmte Anzahl von Phänomenen des modernen politischen Lebens zu lenken, sie zu ermutigen, genau hinzuschauen und ihren tieferen Sinn zu verstehen, welcher oft (und das ist keine Hypothese mehr) nichts Gutes für das Wohl der Menschheit verspricht.

Ihr Gewicht, die objektive Bedeutung, gibt unseren Hypothesen und Annahmen ihre Bearbeitung im Bestreben der fruchtbaren Anwendung der anthroposophischen Methodologie, die sich auch auf die Politikwissenschaften erstreckt. Dies macht den Inhalt natürlich komplexer, und fordert vom Leser eine gewisse intellektuelle Anstrengung, ohne deren Nutzen im Voraus zu kennen. Doch auf einem anderen Weg ist eine wirkliche Erkenntnis der Begebenheiten, um die es uns zu tun ist, nicht erreichbar. Der weitverbreitete Versuch, in der Lektüre von Zeitungen und Zeitschriften Hinweise zu den Hintergründen des Weltgeschehens zu finden, ist hoffnungslos, da die Inhalte der Massenmedien größtenteils zur Manipulation und Verdunkelung des Bewusstseins der Menschen geschaffen werden.

Die Menschheit ist in ihrer Entwicklung an einen Punkt gelangt, wo sie an einem Scheideweg, sozusagen vor der „Grundsatzentscheidung“ steht, zu bestimmen, welches die weitere Richtung dieser Entwicklung nicht nur für die kommenden Jahre, sondern auch über das aktuelle Jahrhundert hinaus sein wird. In der Welt herrscht ein unerbittlicher Kampf, sogar um die *allgemeine Richtung der menschlichen Evolution*. Daher leben wir in einer ungewöhnlich schweren, ernsten Zeit. Und es ist beklagenswert, daß die Mehrheit der Weltbevölkerung nicht nur nichts von dieser Entwicklung weiß, sondern auch nichts darüber wissen will. Darin liegt der Grund, warum den Menschen die Möglichkeit der Beteiligung an dieser so wichtigen Entscheidung genommen wird, obwohl es für sie keine lebensnotwendigere und grundsätzlichere Aufgabe gibt.

Entscheidungen werden in jedem Fall getroffen, aber zum größten Teil nicht von denjenigen, die das Wohl der Menschheit beabsichtigen. Die Verantwortung dafür liegt aber bei Allen. Und wird man von plötzlich ausbrechenden sozialen Revolutionen und kriegerischen Auseinandersetzungen aus dem Schlaf gerissen, so kann man ihnen nicht ausweichen, weil man von ihrer Vorbereitung nichts wusste. Die Folgen unverantwortlicher Untätigkeit holen alle ein. Werden diese unerträglich, so beginnt man das Stöhnen zu hören: Warum hilft uns Gott nicht? Ob Er überhaupt existiert?

Betrachten wir aufmerksam den Zustand der menschlichen Verhältnisse und beginnen einen Schimmer von Verständnis zu erhaschen, entsteht die natürliche und bereits sehr alte Frage: Aber was tun? – Nun, die erste Antwort ist ganz einfach: Man sollte versuchen zu diesen schicksalshaften Entscheidungen beizutragen, versuchen ihnen einen aufbauenden Charakter zu geben. Doch wie dies gelingen kann, ist eine andere und ziemlich komplizierte Frage, die es erfordert sich Goethes Erkenntnisprinzip zu eigen zu machen: „Das *Was* bedenke, mehr bedenke *wie*."

In unserer Studie bieten wir dem Leser zunächst eine Reihe von „Was" an, die unseres Erachtens symptomatisch sind, um das Nachdenken anzuregen über das „Wie". Über das „Wie" selbst sagen wir das Folgende. Der überwiegenden Mehrheit der Menschen – es muss schlicht eingestanden werden – ist es im gegenwärtigen sozial-politischen Umfeld natürlich nicht gegeben direkt in den Verlauf des Weltgeschehens einzugreifen. Als Linderungsmittel wird die Möglichkeit der Teilnahme an verschiedenen Wahlen geboten; doch dies ist nicht einmal der Rede wert.

Eingreifen kann man dennoch. Auch eine Persönlichkeit weit ab von den Hebeln der Macht kann auf den Verlauf von schicksalstragenden Ereignissen für die Menschheit Einfluss nehmen. Dazu ist es nur erforderlich, den realen Wert des individuell denkenden menschlichen Bewusstseins zu verstehen, welches, auf der Grundlage eines echten Verständnisses des Sinns der Ereignisse, zu richtigen und produktiven Entscheidungen für die fortschreitende Entwicklung der Menschheit kommen kann. Gedankenlos und spontan wird bei jeder Gelegenheit alles Mögliche geredet, was zu tun das Richtige sei; aber solche Meinungen sind nichts all trübe Dämpfe in der Aura der Erde.

Wahrhafte Erkenntnis – ist eine reale Kraft. Deshalb wird heute überall in der Welt, nicht nur in der Orwell'schen „Ingsoc" Gesellschaft [Im Roman Orwells „1984" ist „Ingsoc" ein Akronym für „English Socialism", desjenigen ideologischen Systems, das sich in einem der Weltteile etabliert hat], hartnäckig auf „Unwissenheit – ist Macht" gepocht. In unserem Denken sind wir mit der geistigen Welt verbunden, mit ihren realen Wesenheiten, die eine große Rolle spielen bei der Fassung der für die Menschheit schicksalstragenden geschichtlichen Entscheidungen. Aber in der geistigen Welt herrscht nicht nur Licht. Es gibt auch die Dunkelheit. Mit der Erkenntnis ihrer Absichten und Taten kann der Mensch sie schwächen oder sogar ganz neutralisieren. Um es nicht so weit kommen zu lassen, trifft die dunkle Seite drastische Maßnahmen. Zunächst versucht sie dem Menschen das Wissen von ihm selbst zu verdecken. Darauf betrügt sie ihn und bietet ihm statt der Wahrheit Lügen an: ganze oder halbe, die bedeutend schlimmer sind als ganze. Der

Mensch ist selbstverständlich aufgefordert, für die Wahrheit zu kämpfen. Die Erkenntnis der Wahrheit ist ein ungemein effektiver Weg, allen Menschen Zugang zur Arbeit zu verschaffen, die Himmel und Erde gemeinsam leisten, um damit die Bahn zu ebnen für die weitere gedeihliche Entwicklung des Menschen und der Erde.

Menschen, die von den Dogmen der materialistischen Weltanschauung geschwächt und versklavt sind, fällt es selbstverständlich schwer, dies zu verstehen und aufzunehmen. Sie sind gewohnt untätig mit dem Strom zu schwimmen, und selbst diejenigen, die glauben energisch zu rudern, bewegen sich in der Regel in der Richtung des Stroms der Untätigen. Und in den einen wie in den anderen ist das Dogma bereits genetisch verwurzelt, daß das Denken nur ein Schatten sei, daß man Erkenntnisse lediglich erlangen müsse, um einen Beruf zu erlernen und sich den Lebensunterhalt zu verdienen. Das Interessante über all das spricht aber Rudolf Steiner aus: „Hätten nur genügend Menschen heute den Trieb, sich zu sagen: Wir müssen vor allen Dingen in solche Dinge Einsicht haben, das andere wird kommen! - Und wenn man gerade Einsicht in soziale Dinge haben will, so kommt es darauf an, daß wir für das wache Leben vor allen Dingen den Willen haben, uns Erkenntnisse anzueignen. Die Anspornung des Willens - dafür ist ja gesorgt -, die kommt schon, denn die entwickelt sich. … Wir können viel bewirken, wenn wir nur den ernstlichen Willen haben, uns zunächst Einsicht zu verschaffen. Das Fernere würde dann schon kommen. Schlimm ist nicht so sehr, daß heute noch viele Menschen nichts tun können; unendlich schlimm ist es aber, wenn die Menschen sich nicht entschließen können, die sozialen Gesetze geisteswissenschaftlich wenigstens kennenzulernen, sie zu studieren. Das andere wird kommen, wenn sie studiert werden.“ (GA 186, S. 187, 12.12.18)

* * *

Der Komplex der materialistischen Vorstellungen wird dem Menschen durch die ganze schulische und berufliche Bildung vermittelt. Sie sind in dessen ganzem Umfeld veranlagt. Dies ist eine sehr große Hürde. Doch es ist nötig, sie zu überwinden, und kein Preis ist dafür zu hoch. Denn vor dem Menschen steht Hamlets Frage nun in voller Größe: „Sein oder nicht sein?“ Um zu sein, ist es notwendig, das ganze Gebäude der traditionellen Vorstellungen, von denen wir uns leiten lassen, sogar ohne sie zu bedenken, drastisch zu revidieren. Doch inzwischen sind wir alle Opfer geworden von Marx‘ Definition: Das Sein bestimmt das Bewusstsein. Wir alle sind die Sklaven des gewordenen Seins. Das Sein aber wird vorzugsweise von denjenigen geformt und gestaltet, die einfach nur andere Menschen manipulieren und beherrschen wollen. Das von ihnen verwaltete Sein ist ihnen der Schlüssel zur Verwaltung des Menschen. Dabei helfen ihnen auch die naturwissenschaftlichen Ideen des Kant-Laplace'schen Nebels, angeblich die Erklärung des Ursprungs des Universums, und Darwins Lehre von der Evolution der Arten, angeblich die Erklärung des Ursprungs des Menschen.

Dem Leser, der selbstständig über das, was wir hier zur Sprache bringen, nachdenkt, wird unweigerlich die Frage zu schaffen machen, die Goerge Orwell in seinem vorausschauenden, jedenfalls nicht utopischen, Roman „1984“ seinem Protagonisten Winston Smith ins Gemüt legt: „Ich verstehe das *Wie*, nicht aber das *Wozu*.“ Dies ist ein schlichtweg genialer Gedanke Orwells. Er transformiert das Goethe'sche Prinzip „Das Was bedenke, mehr bedenke wie“ in die Sphäre des sozial-politischen Lebens.

Für die Erkenntnis von allem, was wir um uns haben, verlieren wir den Boden unter den Füssen, und gar unser Selbstbewusstsein verdunkelt sich, wenn wir gegenüber allen wesentlichen Phänomenen des gesellschaftlichen und politischen Lebens nicht entschieden die Frage stellen: *Wozu* geschehen sie?

Wieso tut man dies alles? Und wir sollten gleichzeitig nicht denken, die Antwort auf diese Frage sei einfach.

Die Antwort, die der halbverrückte O'Brien (eine ausgezeichnete Personifikation des der Barbarei verfallenen Intellektuellen) dem Winston im Verließ gibt, klingt nicht überzeugend. Nun ja, Macht, Machtrausch, und nur dies – bis in alle Ewigkeit? Für einen Menschen ist das nicht auszuhalten. Es gibt immerhin nichts, das der Persönlichkeit auf ewig gefallen würde. Fast alles, was sie erreicht, befriedigt sie nur als Mittel, um etwas anderes zu erlangen, als Übergangsstufe.

Und O'Brien, wechselnd zwischen Folter und Belehrungen, sagt noch mehr: „Mit der Vielfalt der Genüsse haben wir schlussgemacht." Was bleibt, ist der herrschende Asket. Nicht einmal die blutigen „Diktatoren des Proletariats" waren dazu in der Lage.

Aber wenn O'Brien sagt, der Zweck der Folter sei die Folter, und daß „wenn Sie eine Vision der Zukunft wollen, so stellen Sie sich einen Stiefel vor, der das Gesicht eines Menschen zertritt – für immer", dann ist es etwas ganz anderes. Dann beginnt er in die Metaphysik der Macht einzudringen. (Erinnern wir uns im Vorübergehen, was – diesmal im wirklichen Leben – Viktor Suworow von seinem Vorgesetzten, einem GRU Oberst, gefragt wird: „Fühlst du die Befriedigung am Quälen wirklich nicht?")

Wird alles nur äußerlich, exoterisch genommen, kann die Antwort auf die Frage „Wozu" nicht gefunden werden. Sich den Tatsachen mit der Begründung, dies seien alles einfach nur Verrückte, zu entziehen, ist auch nicht genug. Aber jemand, der in Beziehung zum okkulten, esoterischen Wissen steht, weiß, daß das Quälen von Lebewesen, und vor allem von Menschen, eine bevorzugte Beschäftigung der schwarzen Magier ist. Es bringt die Peiniger in konkrete Verbindung mit übersinnlichen (genauer gesagt – untersinnlichen) Wesenheiten der infernalen Welt.

Durch das Foltern gelangt der Schwarzmagier in eine andere Realität. Er sieht, daß es dort keine Geburt und keinen Tod gibt. Und er beginnt zu hoffen, dort für sich selbst die Unsterblichkeit erreichen zu können. Das ist aber durchaus eine äußerst packende Perspektive.

Das Bild eines Stiefels, der ein Gesicht zertritt – vom esoterischen Standpunkt ist dies eine Komponente der gesamten Lehre über die Evolution und die Bedeutung des Ich, sowie über den Kampf dagegen von mächtigen, aber in der Entwicklung zurückgebliebenen Wesenheiten der übersinnlichen Welt.

Wir verstehen *wozu* alles Gute und Böse in der Welt getan wird, wenn wir erkennen, daß der Mensch, wie die Alten sagten, „das Maß aller Dinge", der sichtbaren und der unsichtbaren, ist. Er ist das zentrale Element der Weltentwicklung, ihr Sinn und Zweck. Für die zurückgebliebenen Geister der Hindernisse hat der Mensch den größten Wert, da sie auf seine Kosten ihre eigene Entwicklung nachholen können, indem sie ihn ins Nichts stürzen.

Im Allgemeinen beabsichtigen diese Wesen das bestehende Universum mit ihrem eigenen Universum zu ersetzen. Einem Universum, das aus dem normalen Gang der Evolution herausfällt, und ganz eigene Wege geht. Der Mensch, der sich dem Bösen hingibt – er ist für diese Geister nur ein Werkzeug, um ihre speziellen Ziele zu erreichen. Dieses Werkzeug ist umso effektiver, je gründlicher solch ein Mensch die Hauptfrucht, welche die Evolution geschaffen hat, verleugnet: das Ich-Bewusstsein, das Selbstbewusstsein. Und weil dies so ist, sollte eigentlich kein Mensch bestrebt sein, sich restlos dem Bösen hinzugeben. Man kann zwar die Wahl zu Gunsten von diesen anderen Wegen der Evolution treffen und sich sagen: Wie sollen diese denn schlimmer sein, als der, auf dem wir uns befinden? Und es gibt Menschen, die das tun. Doch das Hauptargument sollte hier dieses sein: Ein Weg, auf dem ich nicht existieren werde, ist mir unakzeptabel! Solange der Mensch dies nicht einsieht, solange der Betrug gelingt (und deshalb, wie könnten die höllischen Wesen ohne Verschwörung auskommen?), wird die Gegenwart dieser Wesen in ihm – und man kann ihn eigentlich verstehen: er hofft, für immer in ihre Welt eingehen und dort ewig existieren zu können, während diejenigen, die dies noch nicht „verstanden haben", sterben werden, und an ihrer Stelle, wie es eine Figur von Tolstoi sagt, „Gras wachsen" wird* – ihn mit Begeisterung für die unermüdliche Schöpfung des Bösen erfüllen. Das ist der Grund für das Entstehen immer neuer „Ingsoc"-Systeme monströser Art. Und es ist außerordentlich treffend, daß die „Ingsoc"-Modifikation im Orwell'schen Ostasia die „Auslöschung (Ausradierung) der Persönlichkeit" („Obliteration of the Self") genannt wird.

* * *

Wir werden nun versuchen, allen diesen Ausführungen eine tiefergehende geisteswissenschaftliche Begründung zu geben. Zu diesem Zweck müssen wir dem Leser einen kurzgefassten Einblick in das anthroposophische Wissen vom Ursprung und der Evolution der Welt und des Menschen darbieten. Dies wird uns die Grundlage schaffen für die weiteren politologischen Betrachtungen.

In einem kurzen Exkurs werden wir natürlich nicht ein vollständiges Bild geben können. Dieses ist in den Schriften Rudolf Steiners zu suchen. Wir bemühen uns nur eine Zusammenfassung zu geben von dem, was bei Rudolf Steiner ein ganzheitliches, komplexes, grandioses Lehrgebäude ist.

Nebenbei möchten wir darauf aufmerksam machen, daß auch die Lehren von Darwin, Newton, Kepler, Haeckel – aller Säulen des Materialismus – uns in Form von kurzen Zusammenfassungen eingeprägt sind. Selbst wenn wir uns ein Steak braten, tun wir dies sozusagen im Bewusstsein, daß die Materie

---

* Ist dies nicht was auch Castaneda's Lehrer Don Juan predigt?

primär (und der Geist sekundär) sei. Wir vertrauen darauf einfach in Berufung auf die Autorität der Wissenschaft. Ein kurzes Resümee in der Geisteswissenschaft ist nur ein provisorischer Schritt für ihre weitere Erarbeitung und Prüfung. Aber bei der Untersuchung einzelner Fragen kann solch ein Resümee durchaus ermöglichen, provisorische Schlussfolgerungen zu ziehen, die man – wie dies Rudolf Steiner selbst sagt – auch ohne eigene übersinnliche Erfahrung prüfen kann, aber selbstverständlich sich stützend auf den breiten Zusammenhang der Mitteilungen der Geisteswissenschaft. Das Vertrauen auf die Richtigkeit der Schlussfolgerung beruht auf der in sich schlüssigen Beziehung ihrer Teile.

Beginnen wir also, wie man so sagt, mit der Erschaffung der Welt. Dies wird uns helfen, die Phänomenologie des Alltagslebens zu verstehen, in dem, obwohl dieses oft unansehnlich ist, das tiefgründige Walten der höheren geistigen Mächte immer gegenwärtig ist. Wollen wir nichts von Ihnen wissen, verurteilen wir uns, in der Betrachtung der Ereignisse an der äußeren Schale haften zu bleiben, obwohl uns in diesen, wie es sich später meistens erweist, unser eigenes Schicksal sich bedeutsam und gewichtig kundgibt, und weil wir dies nicht zur Kenntnis nehmen wollen, entlädt es seinen Blitz und Donner über uns.

Um die Geisteswissenschaft Rudolf Steiners zu verstehen, ist es hilfreich, von Anfang an ihr wichtigstes Axiom zu kennen, daß *die Realität einheitlich und sinnlich-übersinnlich ist*, d.h. zwei diametral gegensätzliche Seiten hat. Leben wir uns in dieses methodologische Prinzip ein, so können wir spüren, daß es einer Art Same ähnlich ist, der keimend, sich entwickelnd, unser Denken in Bewegung bringt. Tatsächlich, wir beginnen zu denken: Wenn dem so ist, dann zeigt sich das Übersinnliche in der Sinnenwelt auf die eine oder andere Art, und umgekehrt. Also ist das Übersinnliche nicht von uns durch eine undurchdringliche Mauer getrennt. Es wird erkennbar, wenn man seine

Erscheinungsformen, seine Symptome auf der sinnlichen Seite der einheitlichen Realität lernt zu erkennen. Dieses ist eigentlich die Aufgabe der Geisteswissenschaft, auch auf dem Feld der Politologie. Aber um mit dieser Methode die politische Phänomenologie zu erkennen, muss man mit der allgemeinen Natur der wahren sinnlich-übersinnlichen Evolutionismus vertraut sein, wie sie in der Geisteswissenschaft von dem Menschen (Rudolf Steiner) gegeben wird, dessen Bewusstsein und individuelles Erkenntnisvermögen beide Seiten der Realität umspannte .

Nehmen wir als unseren Ausgangspunkt die Tatsache, daß unser Weltall in seinem ganzen Universalismus kein ursprüngliches ist. Vor ihm gab es andere Universen. Sie hatten bestimmte Entwicklungsziele erreicht und wandelten sich in etwas Höheres.

Unser Universum ist eine Offenbarung einer Welt, die geistig so hoch steht, daß ein Mensch mit gewöhnlichem Bewusstsein einfach nicht die Mittel hat, um sie zu beschreiben. In der Religion wird diese die Welt des „Unbeschreiblichen“, der unaussprechliche Gott, genannt. Für unser Universum ist Er in einem absoluten Sinne der väterliche Weltengrund.

Wir wissen nur, daß Er sich eines Tages für „unsere“ Seite mit der Absicht geöffnet hat, neue Kreaturen zu schaffen, und ihnen die Möglichkeit zu geben, die Freude am Dasein zu erleben. Es war dies Seine freie Entscheidung, deren Er für sich selbst nicht bedurfte. Darüber hinaus war es für Ihn ein Opfer, weil es mit einer *Beschränkung* Seines grenzenlosen Seins verbunden war. In Seinem stetigen Aufstieg musste Er einen gewissen Abstieg hinnehmen. Seine Uroffenbarung war ein Akt Seiner grenzenlosen Liebe.

In dieser Offenbarung erscheint der Evolutionszyklus, der einen Anfang und ein Ende hat. Ihr Hauptthema und Gegenstand war von Anfang an der Mensch. Er war eigentlich eine völlig neue Schöpfung, die zuvor nirgendswo existiert hatte. Alles was später im Gang der Evolution entstanden ist, alle Naturreiche wurden vom Menschen ausgeschieden. Sobald er in seiner Entwicklung weit genug fortgeschritten sein wird, wird er sie wieder aufnehmen und sie werden dank ihm das individuelle Sein erlangen.

Zu Beginn des Zyklus wurde der Mensch als *All-Mensch* offenbart – in der Bibel heißt er Adam Kadmon* – der das Allbewusstsein Gottes hat, aber nicht als seinen eigenen Besitz. Am Ende des Zyklus wird jeder Mensch das Bewusstsein des All-Menschen erlangen, als individuellen Besitz in der Form des eigenen, schöpferischen Ich. Der Mensch selbst wird in der Lage sein, die Welten zu erschaffen.

Der väterliche Weltengrund offenbart sich in den *drei* Hypostasen. Alle von Ihnen sind der einige, unaussprechliche Gott, der sich durch drei überindividuelle, göttliche Wesenheiten zeigt. Im Christentum werden sie Gott-Vater, Sohnesgott und Gott der Heilige Geist genannt. In der esoterischen Tradition des alten Indiens tragen sie die Namen Brahma, Vishnu und Shiva – die alten Ägypter nannten sie Osiris, Horus, und Isis. Die erste Offenbarung des väterlichen Weltengrundes ist auch zum Grundgesetz der neuen Evolution geworden: Das Prinzip der Dreieinigkeit durchdringt sie. In ihr gibt Gott-Vater die Substanz, der Heilige Geist manifestiert die göttliche Idee, diese Idee formt die Substanz, erschafft die Formen und der Sohn erfüllt sie mit Leben. Das Prinzip der Dreieinigkeit ist jeder Entwicklung eigen, bis zur schattenhaften, abstrakten dialektischen Bewegung des Denkens. Im Gang der Evolution ist aus dem Gesetz der Dreieinigkeit das Gesetz der siebengliedrigen Metamorphose entstanden. Diese Siebengliedrigkeit entsteht aus der Trinität und kehrt in sie zurück.

---

* Für diejenigen, die mit dem Thema vertraut sind, ist zu beachten, daß vor jedem Äon der Mensch auf seiner ursprünglichen Höhe steht, d.h. er ist in dem ursprünglichen Zustand, aus dem der alte Saturnäon hervorgegangen war.

Zur Erkenntnis der Welt auf ihrer höchsten Ebene, wo sie an das Unerkennbare grenzt, hilft die Symbolik, hinter der sich das Übersinnliche verbirgt. Wahrhafte Symbolik ist dessen Offenbarung, und nicht nur ein Gedankenspiel. Ihr schöpferisches Wesen kann verzerrt werden. Dann wird sie zu einem Instrument für die Massensuggestion (wie im Bolschewismus und dem dritten Reich) oder einfach zur schwarzen Magie. Auch die Werbeagenturen nutzen dies aus.

Wir werden Symbole selbstverständlich in ihrem hellen, schöpferischen Sinn gebrauchen, um unsere Erkenntnis zu befruchten. Wir stellen den Beginn der Welt dar in Form eines gleichseitigen Dreiecks, umgeben von einem Kreis (Abb. 1). In der Mitte des Dreiecks setzen wir einen Punkt.

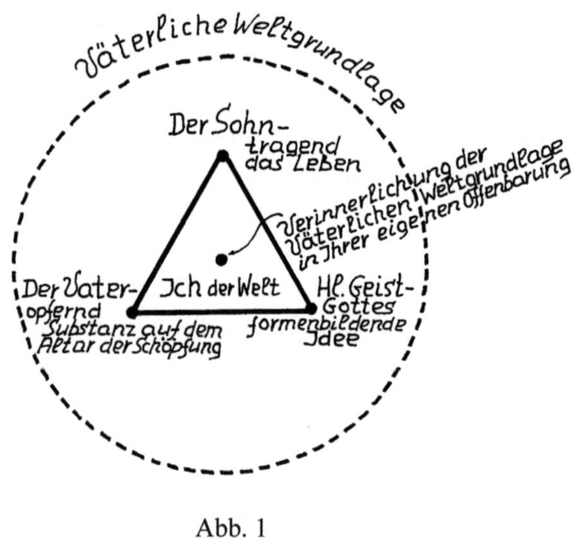

Abb. 1

Der Kreis bedeutet die universelle Sphäre des väterlichen Weltengrundes. In ihrer Offenbarung verinnerlicht Er sich. Das drückt der Punkt aus. Diese Auslegung rechtfertigen wir mit einer Stelle aus einem Notizbuch Rudolf Steiners. Dort steht:

„Also ist der *Raum* in sich geschlossen.
Eine in sich ruhende Geschlossenheit ist eine *Sphäre*.
Der Raum ist eine Sphäre.
Die Grenze des Raumes ist ein *auseinandergelegter* Punkt d.h. ein zur Kugelfläche gewordener Punkt.
Mittelpunkt und Umkreis
Symbol: ⊙
Sinne nach, wie Punkt und Kugelfläche eines und dasselbe ist, das eine ganz in sich •, das andere ganz außer sich ○, das eine ganz *subjektiv*, das andere ganz *objektiv*, das eine nur *schaffend*, das andere nur *geschaffen*, das eine *nur* Geist, das andere *nur* Hülle.
Alles Übrige ist Mischung beider.
Grundsatz der *Gnosis*:
Verstehe die Mathesis und du verstehst Gott."
(Beiträge zur R. Steiner Gesamtausgabe, Nr. 114/115, S. 43-44)

Das auf Abbildung 1 dargestellte Symbol finden wir sowohl in den christlichen Kirchen, als auch in den Logen der Freimaurer, nur ist dort in der Mitte statt des Punktes ein Auge gezeichnet – „Das all-sehende Auge". Dies ist ein symbolisches Bild des väterlichen Weltengrundes, die Ihrer Offenbarung immanent geworden ist.

Ein gleichseitiges Dreieck verbindet alle drei Personifikationen Gottes zu einem Ganzen, es ist der Archetyp, das *Urbild* oder das *Urphänomen* (im Sinne Goethes) jeder Entwicklung, einschließlich der Entwicklung des denkenden Menschen. Auf den höheren Ebenen des Seins herrscht in ihm das Prinzip der *Beziehung* vor. Steigt es hinunter in die tieferen, dicht werdenden Sphären wird die Beziehung zum Gegensatz, zur *Verneinung*, die zu einer *Synthese* als Geburt des Neuen führt. Daraus folgt, daß in

Abb. 2

den Höhen der göttlichen Offenbarung sich das Neue nicht evolvieren kann. Dazu ist seine Abwendung von dem Höchsten und dessen Leugnung notwendig. Deshalb sind für den Fortschritt der Evolution Geister nötig geworden, die durch Verneinung schaffen; und dadurch ist letzten Endes das Böse entstanden.

Doch der Mensch war im Anbeginn vollkommen. Als Gott-Vater auf den Altar der Schöpfung des neuen Universums die Substanz legte, formte sie der Heilige Geist nach seiner Idee und Christus, der in Beziehung kam mit Gott-Vater und dem Heiligen Geist, gab der Urform Leben. Diese Urform war der erste Mensch, Adam Kadmon. Er ist dreieinig. In seiner Dreieinigkeit kommt zusammen, wovon im „Vater Unser" gesprochen wird: „Geheiligt sei Dein Name, Dein Reich komme, Dein Wille geschehe …" So werden im Meditationsgebet, das den Menschen von Christus selbst gegeben ist, in der Terminologie des esoterischen Christentums die Namen der höchsten drei Wesensglieder des Menschen genannt: der Name, das Reich und der Wille. In der Terminologie der altindischen Esoterik werden sie bezeichnet als Manas, Buddhi und Atma. Rudolf Steiner gab ihnen Namen für die neue europäische Esoterik: Geistselbst, Lebensgeist, Geistesmensch.

Also besteht der Urmensch, der von Gott am Weltenurbeginn im Dreieck seiner dreihypostasischen Offenbarung erschaffen wurde, aus dem Namen, dem Reich und dem Willen des väterlichen Weltengrundes. Die Einheit dieser Dreigliedrigkeit ist der väterliche Weltengrund selbst, der in ihr als ganz universelles Ich gegenwärtig ist.

Unsere bildliche Darstellung jener höchsten Stufe der menschlichen Existenz ist durchaus berechtigt. Bei Rudolf Steiner heißt es: „Aus einem Punktuellen entströmt alles. Der Punkt bedeutet den Urbeginn. Was den ganzen Menschen ausmacht, war einst in einem Punkte zusammengedrängt." Von ihm ging die ganze Entwicklung aus. (GA 266-1, S. 334)

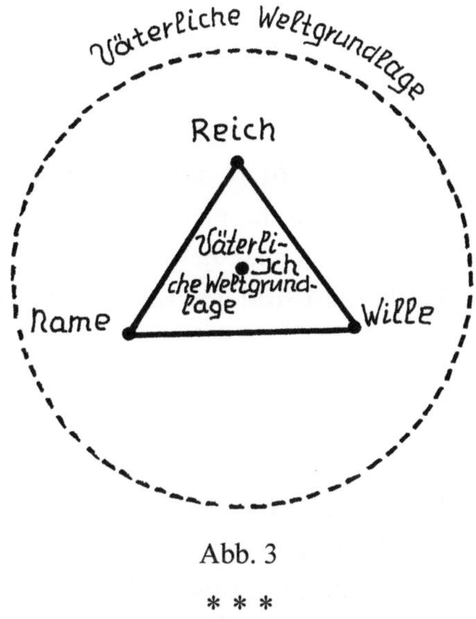

Abb. 3

* * *

Im Anbeginn war der Mensch in seiner Form und seinem Ich ganz vorherbestimmt. Um ein Individuum in sich werden zu können, musste er sich von Gott entfernen und sich mit der Welt der Kräfte vereinigen, die sich ihm entgegenstellen. Diese Kräfte gingen ursprünglich auch von der göttlichen Offenbarung aus, aber zunächst haben sie es nur aus Opferwilligkeit auf sich genommen, die höhere Vorherbestimmung zu verneinen.

Damit der Mensch sich auf diesem Pfad nicht verliert, wurde ihm die zweite Hypostase, der Sohn, Christus, zum Führer. Darum wurde Ihm von dem väterlichen Weltengrund, wie Er selbst sagt, „alles gegeben", d.h. der *gesamte Evolutionszyklus*. In diesem ist Christus der *Gott des menschlichen Ich* geworden, der alle Widersprüche, die aus dem Ich geboren werden, zur Synthese führt, die das Wachstum und den Aufstieg des Ich fördert. Dies ist die Hauptwahrheit des Christentums, von der nur sehr wenige Menschen etwas wissen und wissen wollen.

Der einige väterliche Weltengrund offenbarte sich selbst

in drei Hypostasen. Jede ist wesensgleich mit Ihm, und jede kann mit Christus sagen: „Wer mich gesehen hat, hat dem väterlichen Weltengrund gesehen." Nur, hier fragt sich: Wie kann der Mensch die zwei anderen Hypostasen sehen? Man hat dafür tatsächlich kein Sinnesorgan. Die Substanz zeigt sich ihm als Materie, doch die Materie ist eine Illusion: sie erscheint und verschwindet. Der Heilige Geist zeigt sich ihm nur in den Gedanken, doch die Gedanken sind abstrakt, sind nur Schattenwurf des Geistes.

Und was bedeutet überhaupt „sehen"? Wirklich „sehen" können nur Ich-begabte Wesen, die sich dasjenige, was sie sehen, bewusst machen können. Und da der Mensch ein Ich hat, kann er sich die Existenz des Gottes des Ich bewusst machen, den Christus, die Erscheinung des väterlichen Weltengrundes *im Ich*. Der Mensch wird sich aber dessen bewusst, indem er in einem Leib aus Fleisch und Blut inkarniert ist; der Mensch ist nur in einem solchen Leib überhaupt individuell. Deswegen wurde Gott Mensch, verkörperte sich auf der Erde. Gott ist also dem Menschen entgegengegangen. Und der Mensch soll dies begreifen. Wer Jesus gesehen hatte, hatte den Christus noch nicht gesehen. Wir wissen aus den Evangelien, wie schwer es selbst den Aposteln gefallen ist, Christus zu erkennen. (Und heute stehen wir sogar vor der Aufgabe, Christus auch ohne den physischen Leib zu sehen.)

Der väterliche Weltengrund hat sich in Christus dem Menschen gezeigt und so sich in eine bewusste Beziehung mit ihm in seiner tiefsten Position gesetzt. Diese Beziehung wird real für den Menschen, wenn sie in seinem Ich geschieht, weil sich der Mensch dann ihrer bewusst wird. Die Zeit wird kommen, da der Mensch auch Gott-Vater und den Heiligen Geist wahrnehmen wird. Dies kann nur außerhalb des Körpers, mit erhöhter Kraft des Ich geschehen. Dahin führt der Christus den Menschen. Indem der Mensch sich mit Seiner Kraft identifiziert, wird er fähig den Gegensatz zwischen Geist und Materie aufzuheben – um auf diese Weise den Gegensatz zu überwinden zwischen den beiden Seiten der einheitlichen Realität und diese in den Schoss der Alleinheit, in den Schoss des väterlichen Weltengrundes zurückzuführen. So gewaltig ist die Aufgabe, die der Mensch zu lösen hat.

* * *

Um also die Entwicklung möglich zu machen, wurde das Prinzip der Vorherbestimmtheit und Beziehung durch das Prinzip der *Freiheit* ersetzt, welches es ermöglicht, zwischen Aufstieg und Abstieg zu wählen. Für die Geburt des neuen Ich ist eine Sphäre des „Nichts", Nicht-Seins nötig, die nur an der Peripherie der Offenbarung entstehen kann. Daher musste sich das Dreieck der Uroffenbarung, und mit ihm das Dreieck des All-Menschen, mit der Spitze nach unten drehen und den Abstieg beginnen. (Im Vorübergehen halten wir fest, daß damit der Weg Christi nach Golgatha begann.)

Im Laufe der Evolution führte dieser Abstieg durch die Sphären des schöpferischen Bewusstseins der neun Hierarchien, göttlicher Wesen, die vor dem Beginn unseres Universums entstanden sind. Auch sie offenbarten sich aus dem väterlichen Weltengrund, gingen aus Ihm hervor, um Seinen Willen zu vollbringen. Ihre Namen sind bekannt: Seraphim, Cherubim usw. Sie wurden zu Göttern, Schöpfern der Evolution. Aus Ihnen gingen Scharen von helfenden Wesenheiten, Elementargeister verschiedenster Art mit unterschiedlichen Aufgaben, hervor. Es gilt zu verstehen, daß das Universum nur aus Wesenheiten und ihren Beziehungen besteht. Es enthält keine Leerräume und keine neutrale, passive Ausfüllung des Raumes. Jeder Punkt – ist ein personifiziertes Kraftzentrum.

Durch die Wirkung der Hierarchien ganz in den „Tiefen", eigentlich auf der Grenzen zwischen Sein und Nicht-Sein (man soll sich dies nicht räumlich vorstellen), entstand eine Art Projektion als Antwort auf den Abstieg des höheren dreieinigen Menschen. So begann sein Werden zur selbstständigen, autonomen Individualität. Diese Projektion wurde durchdrungen vom Streben, ihrem niedersteigenden Urbild entgegengehend emporzusteigen. Als Bild und Gleichnis Gottes ist auch diese Projektion dreigliedrig, und in ihr haben nacheinander die Iche der hierarchischen Wesenheiten gewirkt.

Dieser Vorgang kann mit Hilfe von zwei Dreiecken (Abb. 4) dargestellt werden, die *bei ihrer Berührung die siebengliedrige und folglich – sich entwickelnde Wesenheit des Menschen bilden.* Der Wille Gott-Vaters manifestiert sich im Anderssein des werdenden Menschen als der menschliche physische Leib. Der Name des Heiligen Geistes manifestiert sich als der astralische, psychische Leib, die Grundlage der Nerven-Sinnes-Tätigkeit. Das Reich des Sohnes manifestiert sich als der Ätherleib, der Träger aller Lebensvorgänge. Anstatt des höheren Ich, hat sich im Menschen im Verlauf einer langen Evolution, und schon auf

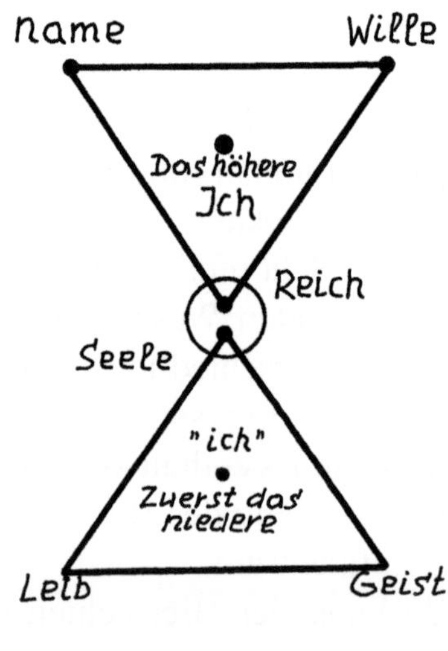

Abb. 4

ihrer letzten Etappe, dessen Spiegelbild, sein Schatten gebildet, das niedere, irdische „Ich“, das von der Gnade der Reflektion und der Wahrnehmung der Sinne lebt.

Um die Entwicklung des Menschen sehr kurzgefasst zu beschreiben, kann man sie in drei Stufen einteilen, die wir wiederum mit Hilfe einer Abbildung erklären, damit das bildliche Bewusstsein des Lesers angesprochen wird. Dies ist die nächste Abbildung (Abb. 5).

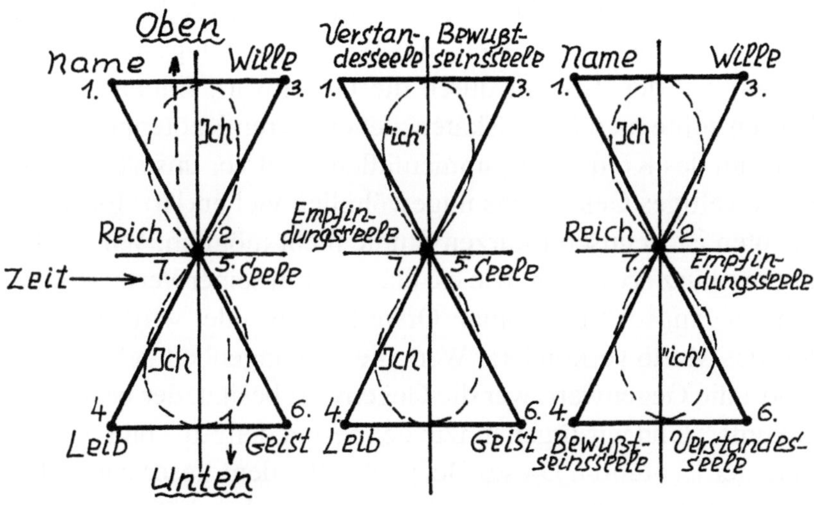

Abb. 5

Durch die Evolution des Dreiecks der dreigliedrigen menschlichen Leiblichkeit geschieht die Rückkehr des väterlichen Weltengrundes zu sich selbst, der Seinen Offenbarung erlaubt hatte das Anderssein, eine neue Welt zu erzeugen, die sich von Ihm trennen und den freien Willen des Menschen gebären sollte. Damit stellte sich der einige Gott in Abhängigkeit von seiner Schöpfung. Das ist etwas, was einige Menschen verstehen. Angelus Silesius drückt es zum Beispiel so aus:

„Ich weiß, daß ohne mich Gott
nicht einen Augenblick kann leben:
Werd ich zunicht,
er muss von Not den Geist aufgeben".

Diese evolutionäre Verbindung zwischen Gott und dem Menschen ist kreuzförmig. Deshalb sagt Plato, daß die Weltseele an das Weltenkreuz geschlagen ist. Das Drama des Niederstiegs, der Entfernung der Schöpfung von ihrem Schöpfer geschieht entlang der Vertikalen. Und an ihr vollzieht sich auch der Aufstieg, die Rückkehr. An der horizontalen Achse vollzieht sich das Werden in der Zeit, die Wechselwirkung der Vergangenheit mit der Zukunft durch die Gegenwart. Entlang beider Achsen sollte man Lemniskaten ziehen, deren Knotenpunkte im Zentrum des Kreuzes zusammenfallen. Und vor uns steht damit ein gewaltiges Gesetz, das ungewöhnlich viel erklärt. Es zu beleuchten ist in unserer kurzen Studie nicht möglich. Wir wollen hier nur kurz erwähnen, wie es, und zwar in seiner Verfälschung, von der „Ingsoc" im Roman Orwells verwendet wird. Es wird dort das Motto verkündet: „Wem die Vergangenheit gehört, dem gehört die Gegenwart, wer die Gegenwart besitzt, der besitzt die Zukunft." Und wir fügen hinzu: der besitzt den Auf- und Niedergang der Evolution. Dieses Beispiel sollte dem Leser zumindest zeigen, daß wir uns nicht mit Abstraktionen beschäftigen.

Auf der ersten Etappe der Evolution im unteren Dreieck wirkt auch das höhere Ich, aber ganz instinktiv. Und die schöpferische Wirkung des Ich des väterlichen Weltengrundes kommt ihm entgegen, und zwar so, daß diese Wirkung auf jeder Stufe des Abstiegs durch das Ich der entsprechenden Hierarchie vermittelt wird. Auf der letzten Stufe ist es das Ich des Engels, des sogenannten „Schutzengels".

Es ist ganz offensichtlich, daß die Wechselwirkung der beiden Iche, eine Art Metamorphose, eine Umkehrung in ihr Gegenteil ist, in der sich das höhere Geistige in dem niederen verinnerlicht: der Wille des Vaters – in dem physischen Leib, das Reich des Sohnes – in dem Ätherleib, der Name, der Heilige Geist – in dem Astralleib. Dank dem bewegen sich die drei Leiber dem entgegen, daß der Mensch, nach der Erlangung seines höheren Ich, sie vollständig mit seinem individuellen Bewusstsein durchdringen wird. Der Mensch wird sich dann seiner ganzen Wesenheit bewusst – eine Fähigkeit, die den Hierarchischen Wesenheiten eigen ist. Er selbst wird in ihre Reihen aufsteigen. Der Ausgangspunkt des Weges dahin wird im niederen „Ich" gesetzt, das mit Hilfe der Geisteswissenschaft in der Lage ist, bewusst an dieser „Umkehrung in das Gegenteil" (polaren Inversion) mitzuwirken.

Dies geschieht auf der dritten Evolutionsetappe (vgl. Abb. 5). Doch davor geht die Entwicklung durch die zweite Stufe, wo aus der dreigliedrigen Leiblichkeit die dreigliedrige Seele wächst: Empfindungsseele, Verstandesseele und Bewusstseinsseele. Zuerst hat sie einen archetypischen Charakter, ist nicht individualisiert, doch allmählich, schon im Laufe des kulturhistorischen Prozesses, entsteht in ihr das persönliche Fühlen, Denken und Wollen. Sie kommen zur individuell beherrschten Wechselwirkung im niederen „Ich". Dann fügt sich an die eine Lemniskate der menschlichen Evolution eine weitere an. In ihr wirkt das höhere, aber instinktive „Ich" von unten zusammen mit dem niederen „Ich", das von oben im Dreieck der dreigliedrigen Seele wirkt. So vollzieht sich die seelisch-geistige Aufrichtung des irdischen Menschen.

Darauf entsteht die Lemniskate der dritten Etappe der Entwicklung. In Ihr kommt das niedere „Ich" aus dem Dreieck der Seele in Wechselwirkung mit dem höheren Ich, welches durch das Ich des Engels personifiziert ist. Hier beginnt die individuelle Evolution des Menschen, die er *selbst* zu lenken hat. Und hier nimmt die Tragödie ihren Anfang für die Seelen, die, von religiösen Glaubensbekenntnissen angeleitet, für immer

„Kinder Gottes“ bleiben wollen.

Die Erlangung des höheren Ich beginnt der Mensch in seinem Denken. Dort nämlich hat er den Höhepunkt seines Selbstbewusstseins erreicht. Hier spielt die Meisterung der Logik, des dialektischen Denkens, das fähig ist die Selbstbewegung des Gedankens auszuüben, zu verkörpern, eine besondere Rolle. Solch ein Denken ist ein Ausdruck der universellen Opposition von Höherem und Niederem, von Göttern normaler und Göttern zurückgebliebener Entwicklung, von der Leugnung des Geistes durch die Materie und der Materie – durch den Geist. Deshalb verneint sich in solch einem Denken jeder Gedanke selbst, und aus der Verneinung der zwei Gegensätze wird das Neue, der neue Gedanke geboren. So heben sich zum Beispiel bei Hegel

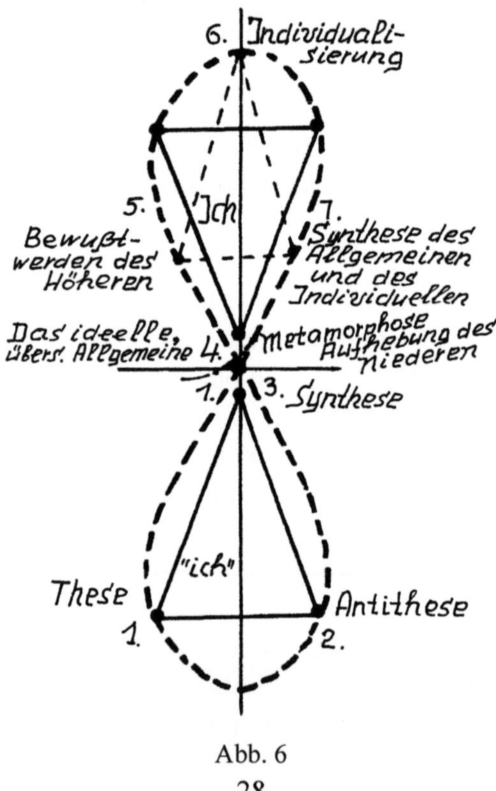

Abb. 6

das Sein und das Nicht-Sein gegenseitig auf, und daraus geht das *Werden* hervor. Ist das nicht ein großartiges Ergebnis des menschlichen Denkens?

Im oberen Dreieck des höheren Ich, das gewissermaßen dem Menschen vorläufig durch den Engel gegeben wird, kann die dialektische Bewegung des niederen „Ich" die Bewegung sozusagen der höheren Dialektik erzeugen, in der, statt der Verneinung und des Gegensatzes, wieder die *Beziehung* zur Wirkung kommt. Ein bestimmtes Allgemeines (5), das vom Menschen in der intellektuellen Anschauung erlebt wird, nachdem er das niedere „Ich" im Knotenpunkt der Lemniskate (4) aufgehoben hat, kommt in *Beziehung* mit dem Geistig-Individuellen des Menschen (6), strebt nicht nach seiner Aufhebung, und beide streben nach der Vereinigung in der All-Einheit (7) (s. Abb. 6). Dies ist der Beginn des individuellen Seins des Menschen im höheren Ich. Dazu muss sich die Metamorphose der Bewusstseins*form* selbst vollziehen, muss in ihm *die direkte Wahrnehmung der Welt der Ideen geschehen.*

Der Vorgang der Geburt, der Entwicklung des menschlichen Ich und seines bewussten Übertritts in die geistige Welt, in die zweite Hälfte der einigen Realität, den wir beschrieben haben, kennt die Welt schon lange, und er wurde im Symbol des heiligen Grals (Abb. 7) verschlüsselt. In vorchristlichen Zeiten war dieses bekannt als der Stern von Salomon.

Abb. 7

Dieses Symbol zeigt, daß im Laufe der Evolution eine partielle Durchdringung von oberem und unterem Dreieck stattfindet. Dies schaffte eine Art von Raum für die Entstehung des menschlichen Ich. Der Ich-Punkt auf dem

Schnittpunkt des Kreuzes wird in der Regel nicht gezeigt. Der Wissende hat ihn aber in seiner Vorstellung immer vor Augen. Doch im Allgemeinen erkennen wir hier das Symbol der Uroffenbarung des väterlichen Weltengrundes aus Abbildung 1 und 4 wieder. Aber hier schreitet Gott nicht zur Erschaffung des Menschen – der Mensch strebt zur Vereinigung mit Gott. Der Punkt des Ich strebt zur Ausweitung in den universellen Kreis des allgemeinen Seins, des All-Seins, um als Ich in jedem einzelnen Punkt der Sphäre zu leben.

* * *

Wir müssen nun genauer erarbeiten wie im niederen Sein an die Stelle des Prinzips der Beziehung, das dem höheren Sein eigen ist, das Prinzip des Gegensatzes, der Verneinung tritt.

Wagen wir uns in diesem Thema weiter vor, so riskieren wir sicherlich, daß uns am Ende abstraktes Theologisieren usw. vorgeworfen wird. Als Erwiderung darauf können wir sagen, daß einzig durch die Vertiefung in diese Dinge die Erkenntnis möglich wird des universellen, kosmischen Kampfes, der schließlich die Form der politischen Auseinandersetzungen angenommen hat, die heute im Stande sind die Zivilisation in den Abgrund zu stürzen.

Also, wie geschah die Auswechslung des einen Prinzips durch das andere? Als sich die Form der göttlichen Uroffenbarung von der Quelle ihres Ursprungs weg zu bewegen begann, bedeutete dies selbstverständlich eine Verminderung des Grades ihrer Geistigkeit. Der Geist wurde allmählich zum Nicht-Geist – zur Materie. Damit sich solch ein Prozess vollziehen konnte, musste er sich in unbedingten Gegensatz, in Opposition zu Gott stellen. Dies sollte als die Ursache des Bösen angesehen werden.

Als nächstes muss man darüber nachdenken, daß es geistige Wesenheiten geben muss, welche die Arbeit auf sich genommen haben, die Schöpfung von ihrem Schöpfer zu entfernen und auf diese Weise sie in Gegensatz zu ihrem Schöpfer zu bringen. Diese Wesenheiten entstammen einem Teil der göttlichen Hierarchien. Gott musste eine Spaltung innerhalb ihrer Reihen erlauben, so daß ein, genauer gesagt zwei ihrer Teile die Erschaffung des Gegensatzes auf sich nahmen, indem sie sich den anderen, die dem väterlichen Weltengrund treu blieben, entgegenstellten. Wäre dies nicht geschehen, die neue Schöpfung, der Mensch, könnte nie die zehnte Hierarche werden, wozu er bestimmt ist: Die Hierarchie der Freiheit und Liebe, die bisher nirgends im Universum existierte. Einstmals wird er frei, nicht mehr den alten Gesetzen folgend, sondern selbst ein neues Gesetz erschaffend, seine grenzenlose Liebe zu Gott und allen von Ihm geschaffenen Kreaturen am Fuße des Thrones des einigen Gottes darbringen.

Die zwei Arten von hierarchischen Wesenheiten, die den Abstieg unterstützen, sind die sogenannten luziferischen und ahrimanischen. Dank ihnen entstand der Wirkung die Gegenwirkung. Dies bedingte eine neue Entwicklungsart, aber gleichzeitig mussten sie selbst in der Evolution zurückbleiben. Das ist ein gigantisches Opfer!

Mit der Wegführung der Schöpfung von ihrem Schöpfer, haben sie unweigerlich zu deren Individualisierung beigetragen, sie zerteilten ihr universelles Bewusstsein. Doch wenn im Menschen das individuelle Ich geboren wird, werden sie zu seinem Gegner.

Es gilt noch zu berücksichtigen, daß der Universalismus des einigen Gottes allen Plänen, Sphären und Wesenheiten Seiner Offenbarung eigen ist. Die Wesenheiten, welche die Aufgabe auf sich nehmen, gegen die vorherbestimmte Entwicklung zu arbeiten, machen dies deshalb nicht formal, sondern streben mit ihrer ganzen Kraft danach, das gesamte Weltenall mit ihrer Tätigkeit zu erfüllen, mit sich selbst zu ersetzen. (Um dies anzuerkennen reicht es aus, darüber nachzudenken, wie eine Pflanze, ein Baum, die gesamte Erdoberfläche mit seinen Samen bedecken würde, wenn er nicht eingeschränkt wäre.) Die Konfrontation von geistigen Wesenheiten ist absolut unvereinbar. Daher sind die luziferischen und ahrimanischen Wesenheiten – Antipoden. Im Umgang mit ihnen neutralisieren die Göttlichen Hierarchien, die sich auf dem Weg der normalen Entwicklung befinden, die Intentionen der einen Seite mit denjenigen der anderen, und schaffen so den Ausgleich. Dies erlaubt, die Evolution auch universalistisch vorwärts zu bringen.

Die luziferischen Wesenheiten sind, um die Evolution Gott zu entreißen, bestrebt sie in das Geistige zurückzuziehen, ohne abzuwarten, bis die Entwicklung in ihrem rechtmäßigen Fortschreiten aus sich selbst den Aufstieg in das Geistige vollzieht; sie versuchen die Evolution in die Vergangenheit zurückzuwenden. Sie hoffen, sie in ihren Ausgangszustand zurückzubringen, dort aber sich an der Stelle des väterlichen Weltengrundes geltend machen zu können, und dann mit der Schaffung ihres eigenen Universums zu beginnen, dessen universelles „Ich“ Luzifer sein soll.

Die ahrimanischen Wesenheiten ziehen die Evolution nach unten, in das Unterphysische, indem sie versuchen die Materie in unterphysische Kräfte und Energie zu verwandeln, und sie so für immer Gott zu entreißen. Und sie sind bestrebt die Entwicklung ins Maßlose zu beschleunigen. Sie wollen die Zukunft so rasch als möglich vorwegnehmen. So werden die Gesetze der normalen Entwicklung durchbrochen. Die, in diesem Fall sich zu schnell materialisierende, Evolution sinkt ins Unterphysische, und sollte dort, nach der Intention Ahrimans, an ihr Ende gelangen, und das Universum werden, in dem nur sein „Ich“ herrschen wird (siehe unten Abb. 9). Luziferische Geister – die Götter der Begeisterung und Eingebung, doch sie führen von der Erde weg in die Vergangenheit. Ahrimanische Geister – die Götter der Materie, der Verknöcherung, des Todes. Die einen, wie die anderen, sind Gegner des menschlichen „Ich“, aber unterschiedliche Gegner.

Bis zu einem gewissen Grad sind ihre Handlungen in der Welt, auch am Menschen, berechtigt. Um ein Individuum zu werden, muss der Mensch durch die Stadien der Differenzierung des Gruppen-Ichs der Menschheit durchgehen. So wird mit Notwendigkeit die Rassen-Form, dann die nationale Form der menschlichen Entwicklung überwunden, die Familienverbindungen werden schwächer. All dies ruft Luzifer hervor. Und in diesem Sinne ist er der Geist der Freiheit.

Ahriman hat die notwendige materielle Grundlage für die menschliche Individualisierung erschaffen. Aber er ist bestrebt das individuelle menschliche Ich bis zur Endlosigkeit zu differenzieren, es zu atomisieren. Luzifer ist des Menschen Freund bis zum Entstehen des individuellen Ich, dann beginnt er zu versuchen, einzelne Iche in alle möglichen Formen des Gruppenbewusstseins zusammenzuschmelzen und sich so dieser zu bemächtigen, während Ahriman danach strebt, den Prozess der Zersplitterung des Ich ins Endlose zu treiben. Er ist es, der die, sozusagen, „Nano-Psychologie“ unserer Gegenwart inspiriert, die imstande ist das Ich bis zu einem Zustand zu zerstäuben, in welchem – ähnlich dem Verfahren in der Chemie, wo aus Nanopartikeln des einen Elements jedes beliebige andere Element erschaffen werden kann – aus diesen Ich-„Stäubchen“ eine Art ursprünglicher Ton gebildet wird zur Erschaffung, Formung eines dem Ahriman genehmen Menschen, oder, sagen wir besser, einer Art menschenähnlicher Kreatur. Dies ist Zweck und Wesen der heute mit „demokratischen“ Methoden geförderten und verbreiteten „Freiheit der Persönlichkeit“. Eines Tages werden die Menschen dies verstehen, aber es wäre gut, würde dies nicht zu spät geschehen, wenn die Abirrung von der Evolution bereits unwiderruflich geworden sein wird. Rudolf Steiner sagt in dieser Hinsicht: Seit dem Beginn des 19. Jahrhunderts gibt es die Tendenz in der Welt zur vollständigen Differenzierung und Spezifizierung. Aus der Katastrophe des zweiten Weltkrieges ist, nun bereits in unserer Zeit, die Tendenz entstanden, Völker in immer kleinere und kleinere Gruppen von Menschen zu teilen. „Der Volkschauvinismus nimmt immer mehr und mehr überhand, bis er dazu führen wird, daß sich die Menschen in immer kleinere und kleinere Gruppen spalten, so daß schließlich die Gruppe zuletzt nur einen einzelnen Menschen umfassen könnte. Dann könnte es dahin kommen, daß die einzelnen Menschen auch in einen linken und rechten sich spalten würden, und in einen Krieg mit sich selbst kommen könnten, wo sich der rechte Mensch mit dem linken in den Haaren liegt.“ (GA 191, S. 272, 15.11.19)

In der Apokalypse des Johannes wird vorhergesagt, daß dieser Prozess letzten Endes zum „Krieg aller gegen alle“ führen wird.

So sind wir auf der einen Seite Zeugen der Entindividualisierung des Menschen in den verschiedenen Institutionen des Gruppenbewusstseins, und auf der anderen Seite sehen wir die schrittweise Zerstörung des kleinen „Ich“ mit den Mitteln der Pop-, Rock-, Punk- usw. „Kultur“.

Hinter dem Nationalismus als solchem steht in der gegenwärtigen Phase der Entwicklung Luzifer. Hinter der Zertrümmerung des Nationalismus in kleine ethnische Menschengruppen steht Ahriman. Auch alle Formen der modernen Pseudo-Kultur sind der Persönlichkeit feind, und führen zu deren Entfremdung und Spaltung. Doch wer heute darüber spricht, der wird verschrien als obskurer Reaktionär – ja sogar als Faschist. Dabei wird kein Verständnis dafür erlaubt, daß die Kritik an der Moderne durch die rechte Opposition die Rückkehr des Menschen ins Gruppenbewusstsein bezweckt, d.h. sie luziferisch ist. Und so muss betont werden, daß wir über die Prinzipien der geistigen *Individualisierung* und der *Befreiung* des Menschen sprechen.

* * *

Die höchsten Hierarchien, welche die Rolle von luziferischen und ahrimanischen Wesenheiten auf sich nahmen, taten dies sich dessen sehr wohl bewusst, daß sie, mit dem Opfer ihrer selbst, mit ihrem Zurückbleiben, der Evolution dienen. Als aber Wesenheiten aus den tieferstehenden Hierarchien – der Engel, Erzengel, Archai – in der Evolution in Rückstand gerieten, verfinsterte sich in ihrem Bewusstsein das Verständnis ihres Zurückbleibens. Sie trieben das Böse in ihren Handlungen bis zum radikal Bösen. In ihrem Kampf für ihr eigenes Universum verstehen sie, daß sie dafür die Substanz eines bestehenden Universums erobern müssen: die Substanz des väterlichen Weltengrundes, die im Menschen eingeschlossen ist. Und deshalb muss der Mensch verstehen, daß es beim Kampf in der Welt letztendlich nicht um natürliche Ressourcen (um „Öl"), nicht um Macht im politischen Sinne, nicht einfach um die irdische Herrschaft über die Menschheit, nicht darum geht, in Macht „zu schwelgen" – dies alles ist sekundär. Der Hauptkampf geht um *die geistige Substanz des Menschen*. Für die zurückgebliebenen Geister wird diese für immer verloren sein, wenn der Mensch sein höheres Ich erlangt. Deshalb überrennen sie ihn mit ihren Attacken solange er nur dessen Spiegelbild nutzt.

George Orwell stellt dies im Roman richtig dar mit dem Bild des Stiefels, der ein menschliches Gesicht zertritt. Nicht nur das Gesicht – das Gesicht ist ein Ausdruck für die menschliche Persönlichkeit. Besonders stark ist die Persönlichkeit bei den Intellektuellen entwickelt. Daher sind im Orwell'schen Ozeanien alle Intellektuellen Mitglieder der Partei. Die „Prolen" (die proletarischen Massen) werden verachtet, und man hat wenig Interesse für sie. Jede Diktatur in der Welt hasst die Intellektuellen, wenn sie ihr nicht sklavisch dienen. Und das ist eigentlich nicht die Stimmung der Diktatoren, sondern diejenige der Geister, die hinter ihnen stehen. O'Brien ist nur von ihnen besessen. Alle Tyrannen der Menschheit sind dies.

In der Evolution drückte sich all das so aus, daß sich, mit der fortschreitenden Verdichtung der Materie, die Form des sinnlichen Menschen immer deutlicher manifestiert hat. Von zwei Seiten näherten sich ihr immer mehr Luzifer und Ahriman, pressten sie zusammen, so daß am Ende dasjenige, was die normale Entwicklung vollzieht, bloß zu einer Grenze, einer Ebene ohne Tiefe zwischen dem Luziferischen und dem Ahrimanischen wurde (Abb. 8). Also dank Ahriman und Luzifer stoßen in unserem Haupt an dieser Grenze These und Antithese zusammen. Was wir daraus gewinnen, dient der Stärkung unseres niederen „Ich", aber um uns weiterzuentwickeln, müssen wir diesen „Spalt" der Entwicklung ständig erweitern, d.h. das niedere „Ich" aufheben nach dem Prinzip von Goethes „Stirb und werde". Auch Christus selbst, als Er Mensch wurde, stieg hinunter in diesen „Spalt" und verbleibt seither dort im Menschen, die Attacken Ahrimans mit den Attacken Luzifers, und umgekehrt, ausgleichend. So bringt er die Wirkung dieser Geister auf den Menschen in das Gleichgewicht. Und Er will, daß der Mensch auch so handelt, wenn er zu Ihm kommt – zur Auferstehung im höheren Ich.

Was aber die zurückgebliebenen Geister anbelangt, so sind sie bestrebt das menschliche Denken einzufangen und zu verzerren, mit sich selbst zu füllen, und sich so mit ihm entlang dem Weg der Lemniskate (s. Abb. 6), vom unteren Dreieck des logischen Denkens in das obere Dreieck des höheren Ich, einzuschleichen, um sich auf diese Weise die Schöpfung Gottes, die Substanz der Uroffenbarung, anzueignen.

Und das also ist kein Zufall, daß alle Utopien den Kampf um das menschliche Bewusstsein behandeln. Und wie dieser Kampf – durchaus wahrscheinlich – in der Zukunft verlaufen kann, hat auf eindrucksvolle, auch deprimierende Weise George Orwell vorgezeichnet. In der Welt findet ein gewaltiger Kampf statt zur Verhinderung der normalen menschlichen Evolution, zur Verhinderung der Metamorphose des bestehenden Ich-Bewusstseins, des gegenständlich-reflektierenden Denkens in die anschauende Urteilskraft, mit welcher der Mensch den ersten Teil seines wahren höheren Ich erlangt, um dann, weiter zu noch höheren Bewusstseinsstufen aufsteigend, mit ihm bewusst in der Welt der übersinnlichen Realität zu leben. Dieser Kampf wird von luziferischen Engeln, ahrimanisch zurückgebliebenen Erzengeln und einer anderen Art von besonders gefährlichen ahrimanischen Wesenheiten, zurückgebliebenen Geistern der Persönlichkeit – Asuras, d.h. nicht-Göttern (a-Suras) gemäß der alten orientalischen Terminologie, ausgeführt. Die letzteren manifestieren sich, sagt Rudolf Steiner, in der Explosion sinnloser Emotionen und Leidenschaften in Menschenmassen, zum Beispiel in Stadien, natürlich an Rockkonzerten usw. Sie wirken auch in den Massenkundgebungen, Versammlungen, wo versucht wird die Instinkte der Menschen zu beeinflussen. Asuras sind die Hauptfeinde des Menschen-Ich, und deswegen sind sie die Hauptkämpfer gegen den Christus. Sie standen mit Sicherheit hinter der Durchführung der sozialistischen Experimente in Russland, China, Kambodscha. Solch einen Charakter kann heute das politische Leben annehmen!

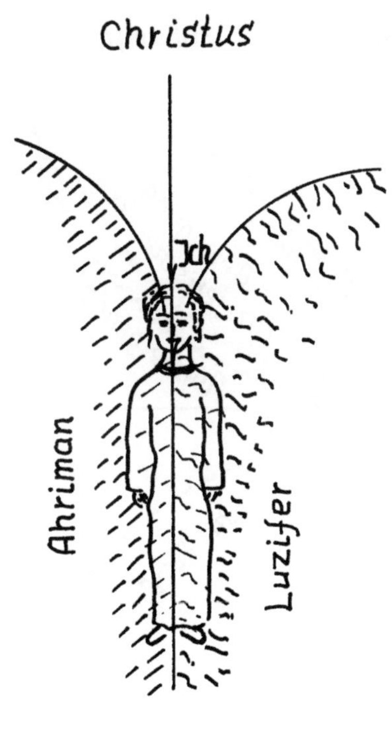

Abb. 8

Die Menschheit ist wirklich an eine große Kreuzung, einen Scheideweg in ihrer Entwicklung, gekommen. Das Wesen dieses Zustandes kann mit Hilfe einer Abbildung ausgedrückt werden.

Stellen wir uns die Entwicklung des gesamten Evolutionszyklus in der Form einer Art von Schale oder Halbkreis vor. Auf der einen, der linken Seite führt die Entwicklung nach unten, der Geist wird zu Stoff und es entsteht eine Vielzahl von Formen, die Evolution der Arten. Heute hat diese Entwicklung ihren Mittelpunkt im menschlichen Ich erreicht (die anderen Glieder der menschlichen Wesenheit und die Naturreiche hatten den Mittelpunkt ihrer Entwicklung in der Vergangenheit). Die ganze Entwicklung muss nun aufsteigen. Und dieser Aufstieg wird immer mehr vom aufsteigenden Menschen abhängen. Er sollte am Ende fähig sein alle Materie zu vergeistigen.

Alle drei oben genannten Arten der zurückgebliebenen Geister wollen diesen Weg des Aufstiegs nicht gehen. In der

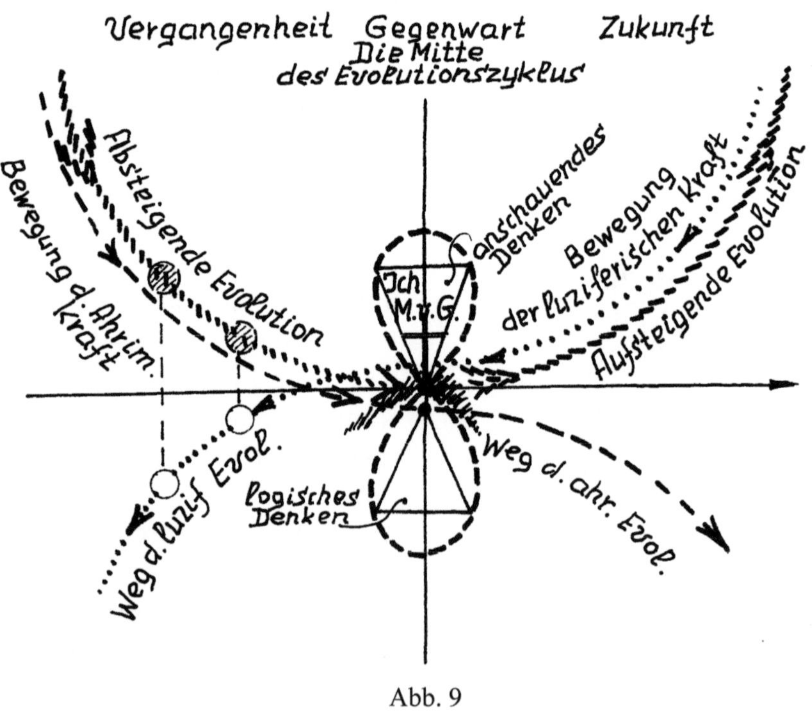

Abb. 9

Mitte des evolutionären Zyklus, wo die größte Metamorphose stattfindet (das Bild der Schale kann ersetzt werden mit einer gigantischen Lemniskate, die sieben große Zustände, die Äonen des Evolutionszyklus, umfasst), wo sich die ganze Vergangenheit metamorphosierend mit den Intentionen der Zukunft durchdringen muss, sind sie bestrebt diese Zukunft auf andere Wege, ihre eigenen Wege, wegzuführen.

Ahriman ist bereit sich auch weiterhin im Fluss der Zeit vorwärts zu bewegen, aber entlang einem evolutionären Nebenpfad in das Unterphysische, wo alle Materie schließlich zur Energie und Kraft (Magnetismus, Elektrizität usw.) wird. So propagiert und fördert er nun eine Symbiose zwischen Mensch und Maschine, dem Computer. Und es gibt Menschen (die in der Presse schreiben), die glauben, daß, wenn alle Informationen, die ein Mensch besitzt, „in Quarz überführt sind“ (wir zitieren), in einen Computer, der Mensch für immer leben wird.

Ahriman will die ganze Vergangenheit der Welt, auch auf der übersinnlichen Ebene, abschaffen, um einen neuen, seinen eigenen Evolutionszyklus zu beginnen, und er hofft alle göttlichen Wesen in diesen hineinzuziehen. Das ist die Realität, und nicht die Science Fiction einer „Überführung in den Quarz“.

Luzifers Absichten sind anderer Art. Er hofft, „ein großes organisches Wesen aus der Erde zu machen mit einer gemeinsamen Seele, in der die einzelnen Seelen ihre Individualität verlieren.“ (GA 203, S. 135, 29.1.1921) Zu diesem Zweck versucht er die Evolution zu hindern, ihr Ziel zu erreichen, will er ihre zukünftigen Stufen in die Vergangenheit zurückführen, sie zu einer Art Wiederholung der früheren Etappen machen, aber auf seiner Linie der Evolution, die alle Verbindung mit der Materie zerreißt, und auf seinem geistigen Weg gehen wird; und wenn sie zu ihrem Ursprung gekommen sein wird, soll er, Luzifer, der eine absolute Gott geworden sein. In seinem evolutionären Zyklus, den auch er hofft im Äon der Erde zu begründen, will er eine gewisse Art von Projektionen der vergangenen wirklichen Zustände der Evolution entstehen lassen, Spiegelungen der wahren vergangenen Evolutionszustände in der Welt von Luzifer. Der Mensch ist darinnen prädestiniert durch die vergangenen Zustände des Gruppenbewusstseins zu gehen, zurück zum Zustand des All-Menschen, nur daß das absolute Ich in ihm dann Luzifer sein muss. Auf dem ahrimanischen Weg wird das menschliche Ich schlicht zersplittert.

In der Mitte des Evolutionszyklus geschah das Mysterium von Golgatha. Seine Kraft wirkt universell im Knotenpunkt des ganzen Zyklus, den Gang der Evolution nach vorwärts und aufwärts richtend. Und der Mensch sollte in einer solchen Mitte an der Kreuzung von drei Wegen die Entscheidung treffen, welchem er folgen wird. Um diese seine Wahl geht ja der Kampf; geht rein geistig, und religiös, wie auch sozial, und politisch.

Wenn der Mensch diese Wahl nicht treffen will, dann wird er auf einen der absteigenden Wege geführt. Das ist die wahre Wirklichkeit in der wir leben. Der Mensch läuft Gefahr, aus der Gottgewollten Evolution herauszufallen, und so, wie es im Evangelium heißt, den zweiten, den seelisch-geistigen Tod zu sterben, anstatt die ihm versprochene luziferische oder ahrimanische Unsterblichkeit zu erlangen. Dieses Schicksal erwartet auch alle, die aktiv und bewusst beitragen zur Umsetzung von Plänen der Widersacher, auch die irdischen Priester, die Eingeweihten, der Mysterien zurückgebliebener Geister.

Nachdem wir also mit dieser Zusammenfassung unsere methodologische Grundlage gefestigt haben, sind wir nun freier fortzufahren mit der Studie des weltlichen Kampfes der Geister in seiner politischen Form.

II. „Hinter den Spiegeln“ des Jahres 2015

In der Januar Ausgabe 2015 hat die britische Zeitschrift „The Economist“ ein Bild, einer Art Collage als Neujahrsgruß an die Leser auf ihr Titelblatt gestellt.

Das Bild, scheint es uns, ist eine allegorische Vorhersage, was die Welt im laufenden Jahr erwartet. Nicht nur uns scheint es so, denn im Internet gibt es bereits Artikel, in denen die Autoren versuchen die Allegorie im Sinne einer politischen Prognostik zu entwirren. Sie sagen, daß das Magazin „Hinter den Spiegeln“,* hinter den Kulissen, weitreichende Verbindungen mit der okkult-politischen Weltelite hat. Es spielt nicht zum ersten Mal mit Allegorien. Immerhin wurde gerade darin jene Weltkarte, die wir im ersten Teil unserer Untersuchung gezeigt haben, veröffentlicht.

Wir werden nicht wiederholen, was in dieser Allegorie schon enträtselt wurde – jeder Mensch kann es im Internet nachlesen. Wir werden versuchen mitzuteilen, was darin, nach unserer Meinung, der Menschheit für dieses Jahr und vielleicht die künftigen verheißen wird.

Das Bild ist eine Art Vision von Alice, die vor dem neuen, diesmal politischen „Wunderland“ steht. Vor ihr sitzt auf einem Ast die berühmte Grinsekatze. Diesmal lächelt sie nicht; sie hat einfach ein grimmiges Aussehen. Es lächeln die Präsidenten (zwar nicht jeder), aber den Wert ihres diplomatischen Lächelns kennen wir alle. Die Grinsekatze ist aber – kein Diplomat.

In der unteren rechten Ecke des Bildes ist in einem luxuriösen Rahmen ein Meisterwerk (Belle Ferroniere) des Künstlers aus der Schule Leonardo da Vincis zu sehen, es steckt in

* Deutscher Titel des Märchens „Through the Looking-Glass, and What Alice Found There“ von Lewis Caroll; im Russischen ist der Ausdruck „Through the Looking-Glass“ eine umgangssprachliche Redewendung geworden [Anm. d. Übersetzers].

The Economist

ヒラリー・クリントン「女性の雇用」 メアリー・バーラ「車がしゃべる」
デビッド・ブレイン「マジックの未来」 ビル・ゲイツ「子供たちを救う」
ミシェル・バチェレ「全員の政治」 カール・アイカーン「行動する株主」

日経BPムック
日本語翻訳権独占
日経BP社

2015 世界はこうなる

The World in 2015

einem Haufen Sand, wenn nicht Schutt. Offensichtlich bedeutet dies, daß in der Zukunft der Prozess der Zerstörung, Vernichtung, der „Wurf in den Papierkorb" des großen kulturellen Erbes der Menschheit weitergehen soll.

Direkt vor Alice befindet sich der Premierminister von Indien. Seine Haltung drückt bildlich die religiös gefärbte politische Stimmung des Orients aus, voll von, in der Ansicht des materialistischen Westens, unbegründetem und wesenslosem Idealismus. Der Osten blickt immer noch auf den die Welt durch seine Strahlen erhellenden Brahman. Er bringt der Welt eine wunderbare Zukunft. Und nur darauf sollte der Menschen auf Erden bedacht sein. Das Phantastische dieser Stimmung unterstreicht die in der Luft hängende Figur aus der populären Filmproduktion „Spiderman". Währenddessen, am Grunde des Bildes, werden die Füße der optimistischen Herren von einem kleinen Lastwagen angefahren, hinter dessen Steuer, wie einer der Kommentatoren bemerkte, jemand sitzt, welcher der Queen von England ähnlich sieht.

Am linken Bildrand zeigt sich die Figur des Rattenfängers – der Charakter aus dem bekannten Märchen. Spielend auf seiner Zauberflöte wird er nicht nur alle Ratten, sondern auch alle Kinder auf Nimmerwiedersehen aus der Stadt führen. In unserer Zeit ist dieser Charakter ein weltweiter Ideologe, der mit den mächtigen Mitteln der Pop-, Pseudo-Kultur eine Generation nach der anderen verführt, wegführt. Generationen, die für die Entwicklung der echten Kultur verloren werden, und ohne sie – stirbt die Kultur. Der neue „Rattenfänger" lockt Kinder und junge Menschen mit Computerspielen, Mobiltelefonen, einer ganzen virtuellen Realität. Dies ist die Maya des Westens, im Kontrast zur Maya des Ostens. Die Zeitschrift will uns sagen, daß dies alles weitergehen wird. Denn es ist in der Tat ein integraler, und sogar, ein hauptsächlicher Teil des Globalisierungsprojekts.

Hinter der Figur Putins ist in der Tiefe die Figur Bonapartes sichtbar. Um Bonaparte sind Persönlichkeiten der Welt des Ostens gruppiert. Er drückt ihre bonapartistischen Stimmungen aus, die Absichten über den Westen zu herrschen.

Äußerst interessant ist die Figur aus der chinesischen (japanischen) Malerei, die in der Nähe von Bonapartes Figur platziert ist. Das ist hier wie ein Archetypus des chinesischen (japanischen) Menschen gegeben, und sogar wie des Geistes des alten Orients. Er blickt mit Interesse auf eine Explosion einer Atomgranate, die direkt über dem Kopf von Cameron aufsteigt. Der Geist denkt wahrscheinlich: Wenn diese (der Westen) so weitermachen werden, dann wird uns der Sieg über sie sicher sein. Das scheint uns das am meisten beunruhigende Sujet der Allegorie. Versuchen wir zu erklären – warum. Dazu ist es notwendig, daß wir uns einiges aus der nahen Vergangenheit in Erinnerung rufen.

Im Mai 2010 wurde ein gemeinsamer Bericht der Rockefeller Foundation und der Organisation Global Business Network (GBN) veröffentlicht. In der Präambel des Berichtes steht, daß die Rockefeller Foundation und das GBN „den Prozess der Entwicklung von Zukunftsszenarien begonnen haben, um die Vielfalt der treibenden Kräfte zu identifizieren, welche im Stande sind die technologische und internationale Entwicklung in der Zukunft zu beeinflussen." Im Bericht werden „die Matrizen der vier Hauptszenarien der Zukunft" gegeben. Dem ersten von ihnen wurde der Name „Lock Step" (dt. „blockierter Schritt", oder auch „Marschieren in dicht geschlossenen Gliedern") gegeben. Es wird darin die Straffung der Kontrolle und das Erstarken autoritärer Führung antizipiert. Besonders interessant ist das dritte Szenario, welches „zerhackende Attacke" (engl. „Hack Attack") genannt wird. In diesem Szenario wird die Welt große, unerwartete Erschütterungen erleiden, ähnlich wie, sagen wir, den 11. September in New York. Und im Bericht geht die

Rede von „einer Explosion an den Olympischen Spielen 2012 in London“! Und es wird sogar die zu erwartende Zahl von Opfern beziffert: 13‘000 Menschen.

Mit diesem Szenario korreliert ein Artikel, den ein Moskauer Politologe veröffentlicht hat, in dem er einige symptomatische Ereignisse, die jenen Olympischen Spielen vorangingen, erzählt. Noch vor dem Beginn der olympischen Spiele schrieb er: „Die olympischen Spiele 2012 wurden unter zwei Bannern geboren: Freude und Trauer. Die Tatsache, daß London zum Austragungsort der XXX. Olympischen Sommerspiele gewählt wurde, war am 6. Juli 2005 in Singapur auf der Sitzung des IOK bekannt gegeben worden. Auf den Straßen von London jubelten an diesem Tag an einigen Orten die Menschen. Doch am nächsten Tag (7. Juli 2005) schlug das Unglück in London ein. In drei Zügen der Untergrundbahn und einem roten Doppeldeckerbus am Tavistock Square floss reichlich Blut.“ Es wurden terroristische Anschläge verübt. Der Autor sah darin einen „nummerologischen“ Zusammenhang: „... es hat sich gezeigt, daß der rote Doppeldeckerbus, der auf dem Tavistock Square explodierte, auf der Linie 30 durch London fuhr, und so sieht es aus, als ob seine Explosion den neugeborenen Olympischen Spielen von 2012 ‚salutierte‘, den 30. nach der gesamten olympischen Rechnung ...“ (Und wir fügen hinzu, daß das Tavistock Institute, über den Namen verbunden mit dem Tavistock Platz, einen schlechten Ruf hat für die Entwicklung, im Auftrag des Militärs, von Methoden zur psychischen Beeinflussung von Menschen.) Und dann, das sieht schon recht eigenartig aus – „dieser Doppelbeckerbus Nr. 30 erschien als Nachbildung in Originalgröße an der Abschlusszeremonie der Olympischen Spiele von 2008 (Peking) während der Übergabe der Fackel von Peking an London. Darüber hinaus wurde dieses Replikat (und Symbole der Seelen, die in ihm umgekommen waren!) in das Zentrum der Zeremonie gehoben, es war sein zentrales rituelles Objekt. Ein anderer

‚Stern‘ des Rituals war der alte, schäbige Gitarrist Jimmy Page …“, ein Crowley Bewunderer.

Natürlich, jetzt kann man den übergewichtigen Einwand machen: Das alles sind nur leere Vermutungen! Die Olympischen Spiele in London sind glücklich ausgegangen! – Gott sei Dank! – Mögen wir sagen. Wir wissen jedoch, daß es so etwas wie eine Regel gibt, die besagt, wenn die Menschen beginnen offen und verbreitet darüber zu sprechen, was sich gegen sie verschwört, dann vollzieht sich der Plan in seiner ursprünglich Form nicht. Also diese „Vermutungen“, haben sie vielleicht doch eine positive Rolle gespielt?

Und wir wollen von einigen Merkwürdigkeiten berichten, welche diese Olympischen Spiele begleitet haben. Erstens – noch nie gesehene Sicherheitsvorkehrungen. Für den Schutz der Olympischen Spiele waren 50‘000 Polizisten im Einsatz. Wie wenn sich jemand vor dem Vorwurf verwahren wollte, er habe nicht genug getan, um die Sicherheit zu gewährleisten.

Und noch etwas, denjenigen, die sich die Eröffnungszeremonie der Olympischen Spiele angeschaut haben, ist es vielleicht aufgefallen, wie unangemessen sich die Queen benommen hat. Sie gab sich alle Mühe zu zeigen, daß sie an der Olympiade nicht interessiert ist, ihr diese sogar zuwider ist, daß sie gegen ihren Willen dort ist. Interessanterweise wurde im Fernsehen vor der Eröffnungszeremonie eine Humoreske gezeigt, in der der „Agent 007“ (Craig) erscheint, um die Queen an die Olympiade zu begleiten.

Widerwillig (und dazu noch diese Unlust betonend), mit offensichtlicher Antipathie, las die Queen in bürokratischem Tonfall einige „offizielle“ Worte, kurze Grüße, von einem Papier. Dies sollte einfach die Organisatoren dieser großen Show verletzen. Dann setzte sie sich mit gelangweiltem Blick, ohne die Arena eines Blickes zu würdigen, und drehte etwas zwischen ihren Fingern, sie schien ihre Fingernägel zu betrachten. Und dies – vor Milliarden von Zuschauern! Das kann als eine Herausforderung angesehen werden. Aber für wen und warum? Und zur Abschlusszeremonie erschien sie überhaupt nicht. Das war schlicht eine Beleidigung. Doch dies war ihr egal. Es hieß, sie sei „in den Urlaub gefahren"! An ihrer Stelle entsandte man Kate und Harry (und dafür hatten sie später die Zeche zu zahlen). An der Abschlussrede hatte man auch der Königin zu danken. Man tat es, aber man musste drei junge Leute ansprechen, die dort mit unbekümmerten Gesichtern saßen und nicht wirklich die „Macht" repräsentierten.

Wir glauben, daß wir das Recht haben zu fragen: Was haben diese seltsamen Erscheinungen zu bedeuten? Und wir wagen zu vermuten (ohne von jemandem Zustimmung zu erwarten), daß die Königin auf diese Weise die Verweigerung ihrer Unterstützung für Absichten demonstrierte, die gereift sind irgendwo in den Tiefen „Hinter den Spiegeln", in irgendwelchen sehr verborgenen Gesellschaften, welche übrigens selbst kein Geheimnis aus ihren Absichten machten. Und das ist auch ein wichtiges Symptom.

Die Königin konnte sich solches erlauben, weil sie selbst in solchen Gesellschaften sicherlich keinen tieferen Grad als den 33. innehat. Formell steht damit über ihr keine Macht mehr, sie ist der Souverän. Und ihr Mann ist ohne Zweifel auch irgendein Sehr-Groß-Großmeister.

Wenn unsere Vermutung richtig ist, dann hat die Königin für eine gewisse Zeit ihr Reich gerettet, und mit ihm – uns alle. In diesem Falle: Vivat die Queen! Immerhin, wäre die Explosion geschehen, wir würden heute schon in einer anderen Welt leben, mit bedeutend „strafferen Kontrollen" und „erstarkter autoritärer Führung" oder einfach in der Diktatur der Macht. In Frankreich war der Terroranschlag auf die Redaktion der Zeitschrift „Charlie Hebdo" für die Regierung genug darauf zu bestehen, offizielle Maßnahmen zur elektronischen Überwachung aller

Bürger einzuführen.

Doch an der Königin und ihrer ganzen Familie wurde dann Rache genommen. Die Presse begann Kate und William in ein negatives Licht zu stellen, sie richtiggehend zu verfolgen. Während eines Urlaubs in Frankreich wurde Herzogin Kate mit einem Teleobjektiv nackt fotografiert und das Foto in den Zeitungen verbreitet. Harry haben sie in Las Vegas aufgelauert und ihn sturzbetrunken nackt mit einem Mädchen fotografiert. Danach war die königliche Familie gezwungen zu handeln, in dem Sinne, daß solche Verfehlungen nicht ungestraft bleiben können. (In allen anderen Fällen lobt die Presse solche „Fehler".) Der Prinz musste zum zweiten Mal nach Afghanistan einrücken. Und wenn während seines ersten Aufenthaltes dort sein Einsatzort aus Sicherheitsgründen geheim gehalten wurde, so war er dieses Mal bekannt, und die Presse begann zu „klagen", daß der Prinz vielleicht von Taliban umgebracht werden wird.

In der königlichen Familie schien der Geduldsfaden zu reißen, und sie machten eine Demarche, um die Presse irgendwie zu zügeln. An einem Ausflug der Queen zu einer Sportsveranstaltung sitzt ihr Ehemann in einem schottischen Kilt auf der Tribüne, die Beine gespreizt, und es stellt sich heraus, daß er unter dem Roch nichts anhatte! Die Presse rief „Ach!". So zeigte ihr der alte Aristokrat, natürlich auf rohe, „mittelalterliche" Weise, was er von ihrem Tun hält, und daß es – ein gefährliches Geschäft ist: Zu versuchen, den englischen Gentleman in eine Sackgasse zu fahren.* Und die Presse war bescheiden geworden. Immerhin, dies ist der Groß-Großmeister, nicht Harry. Das Journalisten-Korps gehört üblicherweise zu der Masse in den unteren Graden.

Und noch ein kleines Detail. Dazu veröffentlichten die Zeitungen ein anderes Foto auf dem Prinz Charles vor Lachen beinahe platzt, an der Grenze zu dem, was der gute Ton noch er-

* Das Bild hier zu geben, ohne es zu retuschieren, haben wir doch nicht gewagt.

laubt. Wahrscheinlich amüsiert ihn seine Mutter mit der Erzählung vom Vorhaben des Vaters. Jedenfalls regt die gemeinsame Veröffentlichung der beiden Bilder diesen Gedanken an.

Aber zurück zum Titelbild vom „The Economist“. In der

linken oberen Ecke sieht man ein Plakat mit dem Wort „Singapore“, was einem wieder auf den Gedanken an jene Sitzung des IOK bringt. (Nun gut, offiziell – internationale Rugbyspiele, Weltspiele; das kann allerdings zweideutig sein: Die Welt des Spiels, das Spiel mit der Welt. Auf dem Bild ist der Globus zweimal dargestellt. Das zweite Mal unten in der Form eines Rugbyballes – ein ziemlich brutales Spiel.) Der „Geist des Orients“, wir wiederholen es, starrt auf die Explosion. Die Rakete, die, wie es aussieht, aus dem Kopf Churchills abhebt, könnte als Anfang des Prozesses, die Quelle, von dem andeuten, was im Bericht des GBN geschrieben steht. Dieser Prozess nahm seinen Anfang 1948 anlässlich Churchills Rede in Fulton. Von da an begann der Kalte Krieg, der Bau von nuklearen Trägerraketen. Der Kalte Krieg endete mit dem Abschluss des sozialistischen Experiments. Nun stehen wir am Beginne der Wiederbelebung des kalten Krieges und, wahrscheinlich, am Beginn eines neuen Experiments. Man versucht, es mit Hilfe der Ereignisse in der Ukraine in Bewegung zu setzen, aber es macht den Eindruck, als ob diese noch nicht genug seien. Es benötigt noch den Anschub einer entscheidenden „Hack Attack“.

Die Allegorie auf dem Titelbild schließen zwei Pfeile ab, die vor Alice‘ Füssen im Boden stecken. Sie tragen die Ziffern: 11.5 und 11.3. Der eine Pfeil steckt vor dem anderen im Grund. Falls das eine Andeutung einer Zeitsequenz sein soll, sollten wir nicht vergessen, daß im englischen Datumsformat der Monat vor dem Tag platziert wird.

Am liebsten wäre es uns, wenn unsere Vermutungen unbegründet wären, oder wenn es sich hier nur um eine Erpressung handeln würde, um Großbritannien zu zwingen sich zügiger (schneller) und enger an Amerika anzuschließen. Unter solch einem Zwang empfand sich Großbritannien eine lange Zeit. Wir können uns einer Gelegenheit erinnern, als Margaret Thatcher laut in der Öffentlichkeit gefordert hatte, daß Reagan die Versorgung der IRA mit Waffen einstellen soll.

Und am Ende wird es niemandem schaden, den Entschluss zu fassen sich auf die Symptome zu konzentrieren, die wir erwähnen, auch wenn sich herausstellen sollte, daß wir mit unseren Annahmen falsch lagen. Denken wir dabei an die Astronomen, die manchmal aus dem kleinsten Nichts ihre Gründe für die Entdeckung ganzer Welten nehmen, und wenn sich auch später herausstellt, daß sie sich geirrt haben, betrachtet man ihre Arbeit als durchaus berechtigt. Jedenfalls wäre es naiv zu sagen, das habe doch nichts zu bedeuten, wenn eine Zeitschrift, die ein Sprachrohr schlagkräftiger okkulter Machtzentren ist, ein Titelbild veröffentlicht, wo über dem Kopf des britischen Premierministers ein kleiner Atompilz aufsteigt!

Noch ist es notwendig, die Aufmerksamkeit auf das zu lenken, was im Vordergrund des Bildes gezeigt wird – eine Schildkröte im Strahlenschein der Glorie. Ein Kommentator hat ihre Bedeutung richtig erraten. Die Schildkröte symbolisiert die Fabian Society. Was ist das für eine Gesellschaft? Es ist viel Zeit nötig, sich in verschiedene Quellen zu vertiefen, um ihr Wesen zu ergründen. Unsere Aufgabe erleichtert der genannte Kommentator.

Es handelt sich um eine mächtige Organisation, welche eine Weltherrschaft von bolschewistischer Richtung etablieren will. Im Gegensatz zu den russischen Bolschewiken, streben die Fabianer langsam nach Macht, mit der allmählichen Aufzehrung der Gegner durch die Infiltration ihrer eigenen Leute in deren Reihen. Als ob es auf einem evolutionären Weg wäre, wollen sie die Menschheit in Besitz nehmen. Das Logo des „schleichenden Bolschewismus“ war einmal ein Wolf im Schafspelz. Dann wurde er mit einer Schildkröte ersetzt.

Das Motto der Fabian Society ist: „Wenn ich zuschlage, dann schlage ich fest.“ (engl. „If I strike, I strike hard.“) So hat die Schildkröte eine Pfote angehoben. Die Fabian Society unter-

stützt auch Eugeniker, Anhänger der Zwangssterilisation.

Solch ein Schildkrötchen mit „Glorienschein“ stellt sich „The Economist“ auf das Titelbild. Er will damit zeigen, daß die vorherrschende Richtung des weiteren „Fortschreitens“ der menschlichen Gesellschaft neobolschewistisch sein soll. Das bedeutet, daß die Erfahrungen des sowjetischen Bolschewismus, überdacht und befreit von ihren „Schwächen“, im Maßstab der ganzen Menschheit eingeführt werden sollen. Dies soll der Bolschewismus des Orwell'schen „Ingsoc“ sein.

Ältere Menschen, die eine lange Zeit in der Sowjetunion gelebt hatten, und in der Ära der Perestroika die Gelegenheit erhalten haben, eine längere Zeit im Westen zu bleiben, stellten mit Erstaunen fest, daß dort überall die bekannten Eigenschaften des sowjetischen Bolschewismus auftreten.* Menschen die im Westen aufgewachsen sind, denen die sowjetische Erfahrung fehlt, sehen dies noch nicht. Und wenn sie es sehen werden, wird es wahrscheinlich schon zu spät sein.

* Als Beispiel könnten wir die Justiz nehmen, das Gerichtsverfahren im heutigen Deutschland.

III. Ost – West

Nicht unbedeutender als die Schildkröte ist der doppelgesichtige schwebende Globus auf dem Bild. Dies drückt den Anstieg von Opposition und Konfrontation zwischen Osten und Westen aus, der heute äußerlich im arabischen Terrorismus besonders akut hervortritt.

Dieser Gegensatz ist ziemlich alt, und im Grunde ist er nicht ökonomisch, wirtschaftlich sondern geistig. Er hat sich gebildet in der Bewegung der Evolution der Kulturen vom Osten (dem alten Indien) nach Westen, Europa. In dieser Evolution, wie in jeder anderen, bewegt sich, auf Grund der Gesetze der Entwicklung, etwas vorwärts, aber anderes bleibt zurück. Rudolf Steiner spricht vom Gesetz, kraft dessen im Allgemeinen jede geistige Vorwärtsbewegung geschehen kann nur auf Kosten von etwas anderem, das mit seiner geistigen Entwicklung aussetzt. Für alles, das vorwärts schreitet, besteht die Pflicht, dem Zurückbleibenden die Hand zur Hilfe zu reichen, alles nur Mögliche zu tun, den Rückstand auszugleichen.

Der Osten, im Vergleich zum Westen, ist im größeren Maße in alten, traditionell gruppenhaften Formen des Bewusstseins geblieben, was ihm erlaubt bis zu einem gewissen Grade die alte Spiritualität zu bewahren. Er lebt im Allgemeinen spiritueller als die westliche Welt.

Die fortschreitende Entwicklung des Westens brachte den Menschen den scharfen Intellekt, ein stark individualisiertes Bewusstsein. Dank dessen ist der Mensch des Westens fähig, die Metamorphose des Bewusstseins zu vollziehen, und es wiederum zur geistigen Welt hinaufzuheben, aber auf einer individuellen Grundlage. Wie dies geschehen kann, erklärt die Anthroposophie. Und dies sollte der Westen dem Osten anbieten, damit er im Stande ist, auf eine neue Art wiedergeboren zu werden, im Einklang mit den Aufgaben der modernen geistigen Entwicklung. Stattdessen hat der Westen, selbst versunken im Materialismus, den Osten versucht mit diesem Materialismus – mit Industrie, Wissenschaft, Finanzen – zu unterdrücken, ihn seiner Herrschaft zu unterwerfen. Das bringt den Osten zur größten Entrüstung. Und „Ruhe auf der Erde“ – so Rudolf Steiner – „wird nicht sein, bevor eine gewisse Harmonisierung der großen okzidentalen und orientalen Angelegenheiten sich wird abgespielt haben … auf geistigem Gebiete.“

Die materielle Kultur Europas und Amerikas ist wie eine harte Nussschale. Aber im Innern liegt die Nuss. „Und lässt sich diese Nuss finden, dann wird das, was zutage tritt, überstrahlen alles das, was einstmals an orientalischem Weisheitslichte in die Menschheit gekommen ist.“ (GA 209, S. 17, 24.11.1921) Diese Weisheit des Westens können die Menschen des Ostens aufgrund ihrer eigenen Spiritualität verstehen. Nur wenn dem Osten das Licht der Weisheit des Westens scheint, kann das Ost-West Problem gelöst werden. Ansonsten erwarten die Menschheit furchtbare Krisen und Kriegskatastrophen, von denen uns eine schon recht nahegerückt scheint.

Der entscheidende Charakter der Konfrontation zwischen Osten und Westen ist auf irgendeine Art und Weise im Bewusstsein der Zentren der Macht, die so mächtig sind, daß sie die Richtung der Menschheitsgeschichte bestimmen können, die aber ständig damit beschäftigt sind, die Geistigkeit nicht nur des Ostens, sondern auch des Westens zu unterdrücken. Sie schaffen alle möglichen Blöcke und Unionen, im Glauben man könne solches mit der Menschheit endlos treiben. Und an den Niedergang Europas will einfach niemand glauben; und was ist das für ein Niedergang? Der Kultur? Aber wo ist sie? Pop-Kultur? – Diese geht ja weiter und weiter – endlos! Den wirtschaftlichen „Niedergang“ nennt man einfach eine finanzielle Krise, die immer einen Anfang und ein Ende hat. Und, ihr Mystiker, Fanatiker, braucht uns nicht mit der Apokalypse zu erschrecken! – So spricht überhaupt die Mehrheit unserer aktiven Zeitgenossen.

Nach einer Möglichkeit, das Problem der Beziehungen zwischen Osten und Westen gewissermaßen zu lösen, suchte Hitler. Er hat mit allen Mitteln versucht, die expansionistischen Wünsche der Stalinisten vom Westen abzulenken und sie nach Osten zu richten. In dem Buch von Alexander Osokin, „Das große Geheimnis des großen vaterländischen Krieges“ (Band 1–3, Moskau 2008–2013) wurde zum ersten Mal das Protokoll veröffentlicht des Gesprächs von Molotov mit Hitler am 13. November 1940 in Berlin. Hitler sagte, daß „der groß-asiatische Raum in Ost- und Zentral-Asien aufgeteilt werden sollte. Letzteres dehnt sich nach Süden aus mit Zugang zum Ozean [dem indischen, Anm. d. A.]. Und dies wird von Deutschland als Einflusssphäre Russlands angesehen.“ (Band 1, S. 479) Also hat der Führer den bleibenden Träumen und Ambitionen der russischen und sowjetischen Pan-Slawisten und Slawophilen geschmeichelt. Und er sagte auch: „Ich glaube, daß wir größeren Erfolg haben werden, wenn wir Rücken an Rücken stehen und äußere Kräfte abwehren, statt daß wir gegeneinander stehen und gegeneinander kämpfen werden.“ (Ibid., S. 473-474)

So könnte man auf jenem Globus die Gesichter von zwei Führern zeichnen: Hitler und Stalin, die versucht haben das Problem der Organisation des eurasischen Raumes „friedlich“ zu lösen.

Wenn man das dreibändige Werk von Osokin gelesen hat, entsteht der Eindruck, daß Stalin die Idee Hitlers teilte, aber die absolute Macht besaß er doch nicht. Im Kreml gab es noch eine britische Lobby, und nicht nur eine britische.

Diese Tatsachen der Geschichte sind für uns wichtig, da sie bis heute ihre Aktualität nicht verloren haben. Es gibt auch gegenwärtig Diskussionen darüber, wie der eurasische Raum gebildet werden kann, ob er sich von Lissabon bis Wladiwostok (Parvulescu, und andere) erstrecken soll, oder ob er seinen Anfang an der westlichen Grenze Russlands nehmen soll, wie es auf einer Karte gezeigt wird, die „The Economist“ im Jahre 1990 veröffentlicht hat (wir zeigen sie auch in diesem Teil unserer Studie).

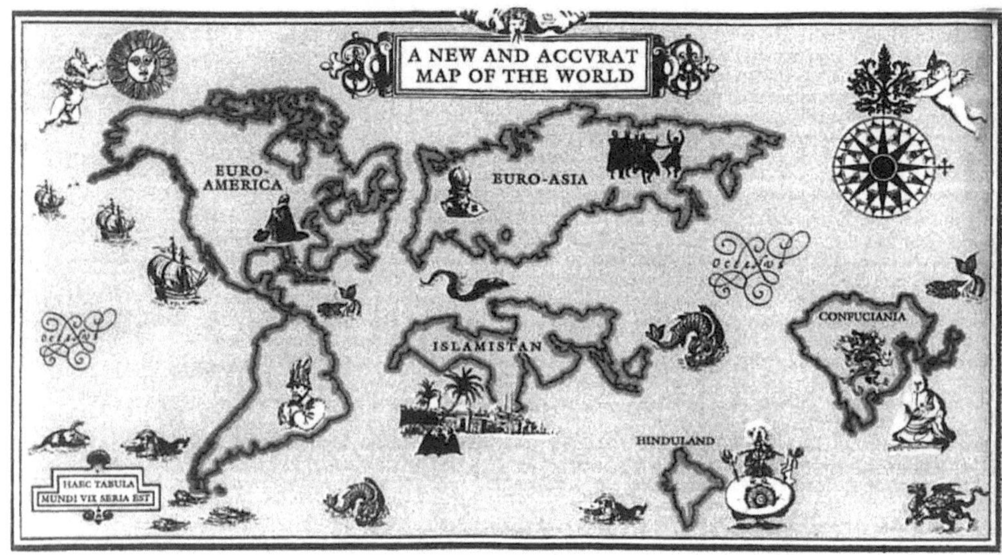

The 'new and accurat' map of the world published in September 1990 by The Economist

Auf der Karte wird ein Projekt gezeigt, das beabsichtigt Europa bis zur Grenze mit Russland dem westlichen Block und Amerika anzugliedern. Der asiatische Block soll in drei, sozusagen, Unterblöcke aufgeteilt werden. Eurasia müsste sich in diesem Fall von Brest bis Wladiwostok erstrecken. Mit dieser Variante der zukünftigen Weltordnung sind nicht alle einverstanden. Das ist nicht nur eine Diskussion, sondern die Angelegenheit wird schon kriegerisch ausgetragen, wenn auch vorläufig regional begrenzt.

Die Ereignisse in der Ukraine sollten als Ausdruck dieser Auseinandersetzung angesehen werden. Es geht im dortigen Krieg darum, wie letztendlich Eurasia aussehen soll.

Als durch die Initiative der Vereinigten Staaten (dies wird in den Vereinigten Staaten inzwischen offen zugegeben) in der Ukraine die legitim gewählte Regierung gestürzt und das Land ins Chaos getrieben wurde, war es vorgesehen, daß Russland dort mit Truppen einmarschieren und sich die Ukraine einverleiben würde, was den Vereinigten Staaten erlaubt hätte, den Kalten Krieg in großem Maßstab aufzufrischen und aktiv mit der Angliederung an sich selbst von Europa, welches zu Tode erschreckt gewesen wäre, zu beginnen. Man sollte sich erinnern, daß dies so etwas ist, wie die Teilung Polens im Jahre 1939. – Russland soll den östlichen Teil der Ukraine an sich nehmen und der westliche Teil sich dem Block des Westens anschließen. Dieses Projekt versucht man, auch heute zu verwirklichen. Es ist nichts weiter nötig, um dies zu beweisen. Von Tag zu Tag wird es durch das Verhalten der Vereinigten Staaten belegt. Indirekt, in einer verschleierten Form, wird Russland von vielen prominenten politischen Figuren aus dem Westen zu diesem Schritt aufgefordert. Wir schrieben darüber im ersten Teil der Studie, aber wir geben hier noch ein aktuelles Beispiel. Gegen Ende des Jahres 2014 gab der berühmte Oligarch George Soros dem deutschen Cicero Magazin ein Interview. Darin erklärte er sich zu einem glühenden Sympathisanten der Ukraine in ihrem Kampf gegen die russische Hegemonie. Vor kurzem gab er seine Bereitschaft bekannt, 1 Milliarde Dollar in die ukrainische Wirtschaft zu investieren. Von seinem eigenen Geld (wenn ihm vollumfänglich garantiert wird, daß ihm das Geld nicht verloren geht!).

Es ist bemerkenswert, wie er im Interview seine Sympathie für die Ukraine kundgibt. Er sagte, daß das Schicksal der Ukrainer selbst die „zivilisierte Welt" nicht interessiere. Er erklärte seinen Gedanken auf sehr spezifische Weise. Er sagte: „Fragt irgendjemand die Schweine auf dem Weg zur Verarbeitung zu

Kotletten nach ihrer Meinung?“ (Das ist besonders beleidigend, da man in der Ukraine gerne Schweinefleisch geniest.) Die Ukrainer überschätzen ihre Rolle. Der Krieg wird nicht wegen ihnen, sondern mit ihnen (als Instrumenten) geführt. Ihre Sache ist – nur zu kämpfen – je länger und blutiger desto besser! Als Ergebnis dieses Krieges kann die Ukraine nur noch eine riesige Brandstätte sein, überhäuft mit Leichen. Im Westen sorgt das niemanden. Russland hingegen – das ist eine andere Sache. Es wird die Ukraine und die Ukrainer retten, sogar wenn es sich selbst dabei riskiert.

Solch einen Freund hat die Ukraine bekommen. Soros ist bekannt für seine Spekulationen mit Währungen, die ihn zum Milliardär gemacht haben. Er übernimmt nun, wie es scheint, die Rolle des „Schirinowski“ der westlichen Politik. Um seine Autorität ist niemand bekümmert, auch er selbst nicht, so kann er es sich erlauben, Dinge auszusprechen, welche sich die Koryphäen der Politik des Westens nicht leisten dürfen. In diesem Interview sagt er den Ukrainern eigentlich: Wenn ihr keine kompletten Idioten seid, dann schließt Euch so schnell wie möglich Russland an; nur dort habt ihr Freunde.

Soros, und nicht nur er, auch viele andere argumentieren, daß in der Ukraine ein Kampf um die Existenz der EU stattfindet. Das ist der Grund, warum die Ukraine bis zum Ende standhalten soll. Das ist ein Teil der Wahrheit. Aber wenn wir die ganze Wahrheit wissen wollen, dann müssen wir verstehen, daß dort der Kampf geführt wird um die Konfiguration von Eurasia. Deshalb ziehen sich die kriegerischen Auseinandersetzungen in die Länge. Dieser Kampf spielt sich mehr hinter den Kulissen, als auf den Schlachtfeldern ab.

Moskau weigerte sich, in die Ukraine einzumarschieren. Auf der Seite von Moskau sind in Europa Kräfte, die nicht wollen, daß Eurasia bei Brest beginnen soll. Sie wollen auch nicht mit den Vereinigten Staaten zusammen wachsen. Daher nimmt der Prostet gegen die Sanktionen von Russland zu. Italien und Finnland äußerten sogar den Wunsch, sich aus der NATO zurückzuziehen. Besonders beeindruckend zeigte sich der Standpunkt dieser europäischen Kräfte in Zusammenhang mit der Attacke auf die Redaktion in Paris, die Karikaturen von Mohammed veröffentlicht hatte (wir haben dies schon oben erwähnt). Danach versammelten sich die Präsidenten, leitende Politiker, zu einer offenen Demonstration. Das ist noch nie geschehen, daß die Präsidenten zu einer Protestkundgebung erschienen sind.

Es stellt sich die Frage: Gegen wen ist ihr Protest gerichtet? Die Kämpfer von ISIS? Aber gegen sie sollten die Regierungschefs mit militärischen Mitteln protestieren. Im islamischen Staat ist es, wie wenn es dort keine politischen Ansprechpartner gibt. Eine Regierung als solche gibt es dort nicht. Es entstehen dort für kurze Zeit ephemere Anführer und verschwinden wieder. Dort gibt es eine dunkle, wilde, ungewöhnlich aggressive Masse von Kriegern. Und hier – erleuchtete Regierungschefs! So müssen wir verstehen: Sie haben gegen den Pan-Amerikanismus, gegen die US-Politik, die mit „Hack Attacken“ sie in ihr Lager drängen will, protestiert. In dieser Beziehung kann man Präsidenten nicht täuschen.

Also während in der Ukraine gekämpft und gestorben wird, spielt sich hinter den Kulissen der Kampf um das Schicksal Europas ab. Es scheint, daß in diesem Kampf jetzt eine Pattsituation herrscht; darum dauert der Krieg an. In Hinsicht auf Russland selbst ist die Verlängerung des Konflikts nötig, um durch einen allfälligen Zusammenschluss mit (Teilen) der Ukraine eine Wiedergeburt des Stalinismus in ganz Russland zu bewirken. Sollte dies Früchte tragen, dann würde Russland schnell, zielstrebig und ungehindert in den dritten Weltkrieg schlittern.

Und vorläufig – eine Pattsituation. In dieser wird Russland durch die Anfeindungen des Westens geschwächt, aber dafür auch für einen großen Krieg untauglich gemacht. Die

Freundschaft des Westens in dieser Situation bringt dagegen den Krieg näher. Das Ganze sieht so aus, als ob für eine gesunde Lösung des Problems kein Platz bleibt.

Europas Feindschaft gegen Russland wirft es in die Arme der Vereinigten Staaten, die Freundschaft mit ihm – führt zur Bildung eines großen eurasischen Raumes von Lissabon bis Wladiwostok. Aber welche Rolle wird in ihm, sagen wir, Mitteleuropa spielen, was wird dort die dominierende Ideologie sein – das ist noch eine große und undurchsichtige Frage. Zum Teil erscheinen Tendenzen, die zum nationalen Sozialismus, oder besser gesagt zum nationalen Bolschewismus führen. Vielleicht werden wir die Frage noch gelöst sehen, in der Hitler und Stalin zu keinem „Consensus“ (Gorbatschow liebte dieses Wort) kommen konnten.

Aber wie steht es mit der kulturellen und geistigen Entwicklung Europas, die ganz einzigartig und, zweifellos, die Avantgarde der kulturhistorischen Entwicklung der ganzen Menschheit ist? Es stellt sich heraus, daß in der heutigen Verteilung der politischen Kräfte die eigenständige und ursprüngliche, einzigartige Existenz von Europa nicht vorgesehen ist. Und das bedeutet, daß für die Evolution vorgesehen ist den falschen Pfad zu beschreiten, auf dem die Menschheit vom Untergang bedroht ist.

Der Bau einer Weltordnung, wie sie von George Orwell in „1984“ beschrieben wurde, deutet sich an. Vorausschauend werden in diesem Roman drei Superblöcke beschrieben, die Ozeania, Eurasia und Ostasia genannt werden. Sie entstanden, schreibt Orwell, „nachdem Russland Europa verschlungen hatte, und die Vereinigten Staaten Großbritannien.“ Ein gigantischer Gedanke! Und ist er in unserer Zeit nicht hoch aktuell? Das ist es, worum es in dem Kampf geht, den wir erleben.

Auf die eine oder andere Art, vor oder nach dem Weltkrieg, soll Russland Europa verschlingen. Auf der Seite dieser

Aufgabe steht ein Teil der okkult-politischen Kräfte der Welt, die, welche in der Regel rechts im politischen Spektrum eingeordnet werden. Ein anderer Teil, den man meist links einordnet, vertritt das, was auf der Karte gezeigt wird, wo Europa zusammen mit Großbritannien von den Vereinigten Staaten verschlungen wird. Nur darum geht eigentlich der Streit. Die Idee von drei Superblöcken als solche wird von allen Parteien des Streites unterstützt.

Sollte dies realisiert werden, wird der Globalismus den Charakter annehmen eines endlosen militärischen Konflikts zwischen diesen Blöcken mit abwechselnden Allianzen zweier Blöcke gegen den dritten. Die Ideologie wird ihrem Wesen nach überall ungefähr die gleiche sein. Bei Orwell heißt sie „die Auslöschung der Persönlichkeit".

In einem Interview mit der schweizerischen „Weltwoche" (Nr. 7, 2015) sagt Henry Kissinger: „Die westliche Idee von Ordnung (der Welt) beruht auf zweierlei: auf einer Vielzahl von Staaten, obwohl einige auf dieser Bühne eine hervorgehobene Rolle spielten, und vor allem auf einer *gemeinsamen Ideologie* (Hervorhebung d. A.), welche die vielen zusammenhielt."

„Eine Vielzahl von Staaten" – warum sollte man sie auch in der neuen Weltordnung nicht zulassen, wenn man sie mit einer entsprechenden „gemeinsamen Ideologie" ganz durchdringen kann und wenn es eigentlich souveräne Staaten nicht mehr gibt? Sie sind nur Statisten auf der Weltbühne. Würde man sie alle wegnehmen, das Schauspiel müsste aufhören.

Es fällt in der heutigen Zeit den dunklen okkult-politischen Weltmächten aus dem Grunde besonders leicht, mit einzelnen Staaten fertig zu werden, weil auch objektiv, kraft der Entwicklungsgesetze, der traditionelle Staat seine Bedeutung verloren hat. Henry Kissinger führt im obengenannten Interview die heutige westliche Weltordnung auf die Ordnung zurück, die in Europa nach dem Westfälischen Frieden des Jahres 1648 sich gebildet hat und spricht dabei selbstverständlich kein Wort davon, daß die geänderte Zeitlage ganz neue Forderungen an das sozial-politische Denken der Gegenwart stellt.

Bereits im ersten Viertel des 20. Jahrhunderts, nach dem ersten Weltkrieg, sagte Rudolf Steiner: „Europa ist auseinandergefallen wie ein alter Schrank: Tschechoslowakei, Ungarn, Rumänien, Serbien, Deutsch-Österreich, das ehemalige Deutschland, das ehemalige Russland, die Ukraine - das sind die Stücke, die Trümmer des Schrankes. Und die Westmächte bemühen sich, diese morsch gewordenen Trümmer des Schrankes wiederum zusammenzuschlagen mit Nägeln, die nicht halten werden. Die Menschen sehen nicht ein, daß sie es mit morsch gewordenen Stücken zu tun haben. Da soll das Alte geleimt werden, während es sich darum handelt, ganz neue Substanz in die Menschheitsentwickelung hineinzubringen.“ (GA 196, S. 119 30.1.1920)

Genau ein Jahr zuvor sagte er: „Es ist nur ein Anachronismus, wenn da aus reiner Denkfaulheit noch geredet wird von Begriffen, die es gar nicht mehr gibt, die gar nicht mehr da sind. Statt zu dem Bewusstsein zu kommen, daß man sich wirklich an neue Begriffe zu wenden hat, redet man in gewissen Kreisen noch immer von Russland, von Deutschland, sogar von Österreich, das es selbst äußerlich nicht mehr gibt.“ (GA 188, S. 207, 31.1.1919)

Zu diesem Resultat ist die Entwicklung schon damals gekommen, aber was soll man dann heute überhaupt noch dazu sagen? Damals wäre es notwendig gewesen, eine „neue Substanz“, vor allem die soziale Dreigliederung, einzuführen, doch man hat stattdessen den Bolschewismus und den Nationalsozialismus durchgeführt.

In der heutigen Welt gibt es keine Staaten mehr, nur gewisse Anhäufungen von menschlichen und natürlichen Ressourcen, Industriekomplexe und das Militär. Diese werden von gewissen internationalen Institutionen genutzt, die ja das Schicksal der „Schweine“, die zu „Kotletten“ bestimmt sind, nicht interessiert. In diesem Sinne hat Soros Recht. Und es wäre gut, diesen Gedanken den Ukrainern, die Hass gegen die Russen schüren, nahezulegen. Man möchte ihnen (und vielen anderen, zum Beispiel den Polen) sagen: Ihr behauptet von der Seite Russlands bestehe eine Gefahr für die Existenz eures Staates? Aber die Ukraine existiert nicht als Staat. Selbst Soros hat euch dies gesagt. Und Russland existiert auch nicht als Staat, auch Polen gibt es nicht als Staat. Befreit euch von diesen leeren Gedankenhüllsen! Staaten im alten Sinne des Wortes – und wir versuchen immer weiter uns nur an diesen Sinn festzuklammern – gibt es nicht mehr. Entweder wir werden um das Verständnis und die Verwirklichung der sozialen Dreigliederung kämpfen, die auch alle heute vorhandenen Widersprüche wegschaffen wird zwischen zerfallenden Staaten und den Doppelgängern der Völker, die Nationalismus zur nationalen Hysterie aufkochen, und zum ersten Mal der menschlichen Individualität, die sich zur Freiheit hinbewegt, erlauben wird mit voller Kraft sich im sozialen Organismus zu entfalten, oder uns alle erwartet ein gemeinsames düsteres Schicksal.

Wir stehen nun alle vor der Gefahr, daß in die Existenz der ganzen Menschheit noch eine „Substanz“ hineingebracht werden wird – die Substanz einer alles zubetonierenden Ideologie, die zur „Auslöschung des Individuums“ führt. Der „Stiefel“ der Ideologie „zertritt“ schon jetzt überall menschliche Gesichter. Nur die Menschen wollen es nicht verstehen, weil der Stiefel sozusagen noch vollgeschmiert ist mit dem Honig unbegrenzter Rechte nicht nur des Individuums, sondern auch des Säuglings und sogar von Haustieren, und auch mit Versprechungen des materiellen Wohlstands, einer Fülle von Möglichkeiten, sich in beliebigen Instinkten gehen zu lassen usw.

Der „Stiefel“ existiert, und er schafft das Böse mit okkultem Verständnis der Sache. Diese Orwell’sche Bild ist schlicht genial. Der Stiefel steht in Beziehung zum Bereich der Gliedmaßen, ist ihre Kleidung, und in den Gliedmaßen steckt der unbewusste Wille des Menschen. Man strebt mit diesem Willen zu überfluten und zu unterdrücken, was im Kopf des Menschen sich zum Bewusstsein und Selbstbewusstsein erhebt, was ihn zu einem intelligenten Wesen macht. Und man tut es umfassend, beginnend bei, sagen wir, perversen Opernaufführungen an den Festspielen in Bayreuth und endend bei der Legalisierung von Inzest in Norwegen. Aus demselben Grund zerstört ISIS Kulturdenkmäler des Altertums.

ISIS übrigens (Isis ist der Name der großen ägyptischen Göttin – sie war eigentlich die Madonna der alten, vorchristlichen Welt) tritt in die Fußstapfen der „Kulturrevolution“ Mao Tse Tungs und tut dies mit der Begeisterung der ersten revolutionären Massen von Russland – mit ihrer rücksichtslosen Grausamkeit.

Es gibt den Gedanken, ob ISIS nicht Krönung des ganzen Chaotisierungsprozesses ist, den der Westen in der arabischen Welt produziert. Ob ISIS nicht die ganze Sache zur Bildung von „Isamistan“ führt, das auf jener Karte gezeigt ist. Dann hat ISIS eine Zukunft. Es werden diesem dann weder der Irak, noch der Iran, auch nicht Saudi Arabien oder Syrien standhalten können. Und ob nicht der ISIS dazu bestimmt ist, den dritten Weltbrand zu entzünden?

Falls auf der Welt die Orwell’sche Dreiteilung der Superblöcke durchgeführt werden wird, so wird Ostasia entstehen durch die Zusammenführung von Konfuziania, Hindustan (Hinduland) und Islamistan. China wird Indien verschlingen, aber nur äußerlich. Dies wirkt sich nicht aus auf die führende Rolle der großen luziferischen Eingeweihten des Ostens. Und Japan wird mit China zusammenfließen. Jenes kommt in den Block als militantes Ferment, niemand sonst im Osten ist in der Lage einen erfolgreichen modernen Krieg auf dem Land und zu Wasser zu führen, Japan hat dies faktisch bewiesen.

Eurasia wird vereinigen Europas lateinische Welt (das ist Spanien, Portugal, Frankreich und Italien), die deutsche Welt (das ist Mitteleuropa und Skandinavien) und die slawische Welt (mit dem Kaukasus und asiatischen Randgebieten). Euro-Amerika verbindet die britische, nordamerikanische und südamerikanische (lateinische) Welt.

Auf jener Karte (falls es jemand bemerkt hat) fehlen Afrika und ein Teil Südasiens. Diese Sachlage können wir auch anhand von Orwells Romans erklären. In Goldsteins Buch, das von O'Brien – der Priester der ahrimanischen Mysterien der schwarzen Magie, die in der Welt unter der Herrschaft des „Ingsoc“ vollzogen werden – verfasst wurde, steht geschrieben: „Zwischen den Grenzen der Supermächte liegt ein Gebiet, das zu keiner von ihnen dauerhaft gehört, innerhalb eines unregelmäßigen Rechtecks mit den Ecken in Tangier, Brazzaville, Darwin und Hon Kong. … Tatsächlich hatte keine von ihnen je die volle Kontrolle über dieses streitige Territorium. … Die Gelegenheit einen bestimmten Flecken mit einem plötzlichen hinterhältigen Manöver einzunehmen, diktiert den endlosen Wechsel der Partnerschaften“, derer, die den Krieg führen.

Ob ein solches Szenario in der Zukunft wirklich umgesetzt werden wird? – Wahrscheinlich nicht. Auf dem Weg dahin würde alles einfach in den Abgrund des Nichts zusammenbrechen. Jedoch ist das auch kein Ausweg für die Menschheit. Es ist notwendig dem etwas entgegenzusetzen, das den wahren Gesetzen der menschlichen Evolution entspricht. Und was das genau ist – ist bekannt. Wir werden darüber im letzten Essay sprechen.

IV. Das Urphänomen der modernen Politik

Und jetzt wenden wir uns der genaueren Betrachtung dessen zu, was wir die globalen Zentren der okkult-politischen Macht nennen. Die Konspirologie versucht, zwar sehr oberflächlich und darum einseitig, sich mit diesem Thema zu beschäftigen. Aber auch schon das ruft Unruhe in jenen Mächten hervor. Konspirologen werden überall lächerlich gemacht, und es wird ihnen Verfolgungswahn vorgeworfen. Aber das ist derselbe Fall wie der des Kreters, der sagte: „Alle Kreter sind Lügner.“, usw. (Du hast einen Verfolgungswahn – sagt der Verfolger dem Verfolgten. Und es fragt sich: Hat er die Wahrheit gesagt oder gelogen?)

Unsererseits möchten wir sagen, daß die heutige „Verschwörungstheorie“ nicht stichhaltig ist, nicht, weil keine „Verschwörung“ existiert, sondern weil ihre „Theorie“ eigentlich noch nicht geschaffen ist. Die Phänomene erhalten ihre Theorie erst, nachdem der ideelle Archetyp, das Urbild, das primäre Phänomen, die Quelle ihrer Herkunft, die sich an der Grenze zwischen sinnlicher und übersinnlicher Welt befindet, gefunden wurde. Die heute bestehenden Versuche, diese Theorie zu schaffen, basieren vor allem auf dem Materialismus. Deshalb laufen ihre Erklärungen gewöhnlich auf eine Verschwörung von finanz-politischen Übeltätern hinaus, die nach Reichtum und Macht streben.

Es gibt jedoch Ausnahmen. Eine fanden wir in der Moskauer Zeitung ‚Zavtra‘ (Nr. 22, Mai 2013) wo ein Konspirologe über dasselbe schreibt, worüber wir sprechen, nämlich, daß die Schwäche der methodologischen Konzepte der Konspirologen, „fast aller bekannten ‚Verschwörungstheorien‘, ihre ausschließlichen Beschränkung auf die ‚diesseitige‘ Ebene des Seins ist …“ Aber interessant, auf was bei diesem Autor (wir nennen den Namen nicht, weil der Artikel wahrscheinlich mit einem Pseudonym unterzeichnet wurde) das Problem hinaus läuft. Er beschuldigt den „Positivismus“ und „das mystisch-okkulte“ Verständnis des Problems als die Gründe, weshalb die Untersuchungen der Konspirologie im Diesseits verhaftet bleiben. „Beide Standpunkte“, so schreibt er, „führen die ‚Verschwörung‘ und ihre ‚Agenten‘ zurück auf die ausschließlich ‚diesseitige‘ Ebene des Seins …“ Und um sich in diesen Dingen im „Jenseits“ halten zu können, solle man sich bitte an die dogmatische Theologie wenden. Diese spricht von „zwei Geheimnissen: dem ‚Geheimnis der Frömmigkeit‘ (1. Tim. 3,16) und dem ‚Geheimnis der Gesetzlosigkeit‘ (2. Thess. 2,7) die seit ‚Anbeginn der Zeit‘ bis zu deren Ende in Konfrontation stehen. Geheimnis gegen Geheimnis. Verschwörung gegen Verschwörung. Rebellion gegen Rebellion (hier zitiert der Autor M. Voloschin) … Das gewahr werden eines solchen ‚metaphysischen Hintergrundes‘ der ‚Verschwörungstheorien‘ wandelt sie von den ‚fantastischen Sinngebilden‘ einer übertrieben reichen Vorstellungskraft‘, vom ‚Verfolgungswahn in den Köpfen der Politiker‘ usw., zu etwas Realem und äußerst ‚Schicksalstragendem‘ … Fast die ganze ‚Konspirologie‘ – ist eine ‚irrational-rationale‘ Übertragung des christlichen ‚Providentialismus‘ (Theorie der Vorsehung, der Fügung Gottes) aus der Sprache der Theologie und Dämonologie in die Sprache der ‚Polizeitheorie und Geschichtswissenschaft‘. Die ‚Verschwörungstheorie‘ und ihre ‚allgegenwärtigen‘ Adepten betreiben eine eigenartige säkulare Paraphrasierung der christlichen Lehre von der Vorsehung Gottes, der die Geschichte lenkt …“

Wir haben uns dieses lange Zitat erlaubt, weil in ihm in konzentrierter Form die Ideologie ausgedrückt ist, und sogar ihr Credo, welches sich durchaus noch als „schicksalstragend“ für die Zukunft Russlands erweisen könnte. Dies wird im letzten Essay besprochen werden, aber hier erwähnen wir nur das

Hauptcharakteristikum der stilistischen Ausdrucksform dieser Ideologie. Sie ist gebaut aus den Elementen echten Wissens und Elementen von Lügen und subtilen Unterstellungen, die dicht durcheinander zu einer betäubenden Ganzheit gemischt sind, die das Bewusstsein zu Boden schlägt. (Diese ideologische Richtung ist im Stande dies meisterhaft zu tun.) Um das Ganze zu „entmischen" und alles an seinen rechten Platz zu stellen, wäre es nötig einen eigenständigen Artikel zu schreiben. Und so belassen wir dieses als eine Art ‚Hausaufgabe' für unsere möglichen Leser und sprechen nur von der Hauptsache. Alles wird hier reduziert auf die biblische Geschichte der Versuchung des paradiesischen Menschen durch Luzifer. Ihm nachgebend aß der Mensch die Frucht vom „Baum der Erkenntnis" und wurde als Folge aus dem Paradies vertrieben. Orthodoxe Theologen glauben, daß ihn dies in das „Geheimnis der Gesetzlosigkeit" geworfen hat, er dabei auf die Erde hinaus getrieben wurde, dort ziellos herumirrt und Wissenschaften, Kulturen und andere „unnütze" Dinge schafft. Aber notwendig ist nur, daß wir uns der Sünde bewusst werden, und daß wir sie bereuen, dann wird Gott uns vergeben und uns ins Paradies heben. Das Entscheidende ist dabei auf Erkenntnis zu verzichten, die uns „hochmütig macht" und in Versuchung führt. Dies ist das „Geheimnis der Frömmigkeit". Und das ist eines der wichtigsten Dogmen der kirchlichen Glaubenslehre. Was uns dann nur bleibt, ist das Erlebnis der schockierenden Übereinstimmung mit dem Orwell'schen „Unwissenheit – ist Macht".

Eine „mystisch-okkulte" Erfassung der Konspirologie ist in dieser Ideologie dem Bannfluch des „Satanismus" unterworfen.

Gemäß solcher Ideologie soll nie erkannt werden, was „christliche Vorsehung", „Fügung Gottes", usw. ist. Das heißt, niemand soll es wagen, den wahren Sinn und Zweck des Abstiegs des Menschen in das materielle Dasein zu lernen. Und in der Terminologie der orthodoxen Theologie über die Politologie zu sprechen – ist einfach lächerlich. Wenn man die Theologie mit der Politologie verbindet, dann entsteht nur ein weiteres Dogma, dem, wie allen anderen, gedankenlos gefolgt werden muss. Kurz gesagt: die dogmatische Politologie!

Ein solcher „metaphysische Hintergrund“ kann die Konspirologie nicht im Geringsten aus der „Diesseitigkeit“ herausführen, nur schon weil die Theologie in jedem Glaubensbekenntnis – nur ein abstraktes Gedankenspiel ist; sie kann keine Erkenntnis des Übersinnlichen vermitteln, egal mit welchen Dogmen sie operiert, und noch weniger – eine Erkenntnis der sozialen und politischen Realitäten unserer Gegenwart begründen. Gut, sie kann diese mit irgendwelchen Dogmen umfassen. Und ein solches gibt es bereits. Nämlich, jeder Okkultismus – ist ‚Satanismus‘. Und man braucht hier keine Unterschiede zu machen, keine Klarheit zu suchen! Er ist das „Geheimnis der Gesetzlosigkeit“. Gegen den Okkultismus muss man kämpfen bis zum Ende der Zeiten, und nicht versuchen ein Verständnis zu erlangen, was er ist. Dogma ist – der Gegner der Erkenntnis, obwohl erfunden von bloßen Sterblichen, die selbst nachdenken und erkennen, um erfolgreich „die Herde hüten“ zu können. Solcher Art ist die Politik der Kirche, und namentlich ihre Weltpolitik.

Solch eine Theorie der Konspirologie haben wir hier. Indem sie die okkulte, geistige Erkenntnis als „Geheimnis der Gesetzlosigkeit“ erklärt, lässt sie uns in allem anderen nur mit dem „Geheimnis der Frömmigkeit“, das uns befiehlt auf ewig in der Kindheit des Verstandes zu verharren. Doch im Evangelium heißt es: „Seid nicht wie Kinder in eurem Erkennen.“ Umso grösser wird ihr Triumph sein, je stärker man alles geistige Wissen verbieten, und dann auch mit Feuer und Schwert ausrotten wird.

Solche „Grenzen des Erkennens“, kann kein mehr oder

weniger selbstbewusster Mensch akzeptieren, und noch weniger – derjenige, der die Geisteswissenschaft schon in diesem oder jenen Grade erfasst hat. Ihre Vertreter wissen felsenfest, und glauben nicht nur, daß im Anfang „das Wort war“ und nicht „eine Verschwörung“, wie Parvulescu sagte, um mit seinem Scharfsinn anzugeben. Das Wort war schöpferisch und hat Sich für eine neue Schöpfung offenbart. In Ihm war kein „Geheimnis der Gesetzlosigkeit“. Durch Seine Offenbarung brachte es auch die Gesetze Seiner Schöpfung in Erscheinung. Und genau in diesen Gesetzen war bedingt die Distanzierung der Schöpfung von ihrem Schöpfer, um, wir wiederholen es, in ihr den freien Willen zu gebären.

Rudolf Steiner gibt eine – wir haben sie schon angeführt – sehr einfache Erklärung dafür, warum Gott neue Wesen schafft. Er tut dies weil Er gut ist. Er will Seine Freude am Sein auch mit Geschöpfen teilen, die noch nicht existieren. Dieser Freude können aber wirklich nur Wesen teilhaftig werden, die das eigene Ich erlangt haben. Und je höher, je geistiger das Ich, desto näher steigt es zum Gottes-Ich auf, und desto wahrhaftiger und kräftiger wird die Fülle der Freude am Sein. Das ist das „Geheimnis der Frömmigkeit“. Und diejenigen, die die Bibel geschrieben haben, verstanden dies.

Aber das eigene Ich kann man nicht beherrschen, wenn man „für ewig“ ein „Kind Gottes“ bleibt. Deshalb war es der Wille des Gottes selbst, daß Seine Schöpfung sich von Ihm distanziert und für eine Weile sich Ihm sogar entgegenstellt, um dann in Freiheit zu Ihm zurückzukehren. Dann entsteht die gemeinsame Freude von Gott und Mensch. Diese wird umso grösser sein, je mehr vom unvermeidlichen Bösen, das durch die Notwendigkeit der Erlangung der Freiheit und individuell geborener Liebe entstanden ist, der Mensch ins Gute verwandelt.

So ist die „Gesetzlosigkeit“ – ein Geheimnis der Evolution: Das Gesetz der Erschaffung des Neuen. Wenn die Gesetze einer Stufe der Evolution aufgehoben werden, stürzt die geschaffene Form ins das Chaos und aus dem „Nichts“ des Chaos entsteht eine neue, vollkommenere Form. Wenn wir dies verstehen, werden wir fähig auch die Relativität des Bösen zu verstehen, in welcher seiner fürchterlichen Gestalten es auch erscheinen mag. Es darf den Menschen nicht unterdrücken. Das Böse hat die Aufgabe, die Menschen anzuspornen zur Metamorphose der fertigen und deshalb verknöcherten Formen des Seins. (Ausgiebig und eindrucksvoll ist dies in der Apokalypse des Johannes beschrieben.) Die Weigerung der Menschen zur Metamorphose des Seins erhöht die Wirksamkeit des Bösen. Sein Maß wird so bestimmt von den Menschen selbst.

Die Kräfte des Bösen folgen den Gesetzen der Entwicklung, und den Gesetzen ist der Universalismus eigen. Das Böse ist personifiziert durch übersinnliche Wesenheiten, und sie sind stets bemüht ihre Handlungsweise auf das ganze Weltall zu erweitern. Daher sind sie in einer direkten Konfrontation nicht zu überwinden. Man kann sie nur metamorphosieren. Es ist nötig das Böse zum Guten zu verwandeln – das ist die Aufgabe des Menschen. Daher ist es notwendig das Böse zu erkennen, vor allem okkult und mystisch weil sein Ursprung übersinnlich ist und seine Urquelle stets in der übersinnlichen Welt verbleibt.

Mit dem Bösen darf man keine Kompromisse eingehen. Solche sind vollkommen sinnlos, und der Widerstand des Bösen sollte nur die Kraft der Liebe im Menschen erhöhen. Wenn man hofft, das Böse mit den Mitteln des Bösen zu überwinden, dann läuft man schlussendlich Gefahr den „zweiten Tod“, den Tod der Seele, zu erleiden. (Es sind davon übrigens besonders die rein militanten Geistlichen bedroht.)

* * *

Das Böse besiegt den Menschen indem es in ihm, in diesem oder jenem Maße, sich selbst an die Stelle des „Ebenbildes

Gottes“ stellt. Und der Mensch muss erkennen, was dies bedeutet, er muss die Selbsterkenntnis pflegen.

In seinem ätherischen, dem Lebensleib hat er die Form eines Pentagramms (Abb. 10). Der Strom der kosmischen Kräfte ergießt sich in die menschliche Form und durchdringt sie, indem er durch den Kopf eintritt, von dort zum rechten Bein, dann zum linken Arm, zum rechten Arm, dem linken Bein geht, und dann rundherum das Pentagramm in den Kreis schließt. In diesem Strom wirken die Kräfte der Planeten, deshalb wird das Pentagramm, mit dem in ihm eingeschlossenen Menschen, ein Mikrokosmos genannt, das heißt ein kleines Ebenbild des großen, planetarischen Kosmos.

Wie gut der ätherische Strom durch das Pentagramm fließt, wie gut Leben und Form des Menschen zu einer Einheit kommen, hängt von einer Reihe von Eigenschaften ab: Der Fähigkeit des Menschen konsequent und logisch zu denken und zu handeln, positiv, vorurteilslos zu sein, und anderen mehr.

Der Mensch im Anbeginn des irdischen Äons, Adam Kadmon, hatte das Aussehen eines Pentagramms. So war er im Paradies, in der geistigen Erde. Aber um den Fuß auf die materielle Erde zu setzen, musste er sein Kopfgebilde vom höchsten Geist abwenden und es nach unten zum Mittelpunkt der Erde hinwenden. Das heißt, das Pentagramm seines Wesens musste umkippen. Dies war die Vertreibung aus dem Paradies. Der Mensch wandte sich weg von den geistigen Kräften, die ihn von Oben führen, und konnte darum in ihrer höheren Sphäre, im Paradies, nicht länger verweilen. Er wurde zu diesem Schritt be-

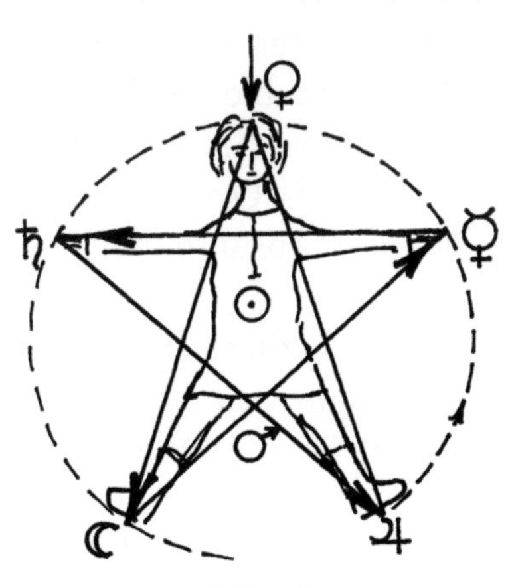

Abb. 10

wogen, um in der Teilnahme an der Entwicklung der Erde zur Individualität zu werden, von den Früchten des „Baums der Erkenntnis“ zu kosten, und dann den „Baum des Lebens“ wiederzuerlangen, das heißt sein denkendes Bewusstsein wieder lebendig zu machen.

Im Laufe der Erdenevolution durch die Evolution der Arten gehend, hat der Mensch in seinem physischen Leib den Kopf wieder nach oben gewendet – er überwand die „Erbsünde“. Aber seelisch-geistig ist der Mensch immer noch nicht ganz aufgerichtet. Diese Aufrechte hängt von der Beherrschung der Kräfte des Ich ab. Nur im höheren Ich wird der Mensch ein ganz aufrechtes, geistig aufrechtes Wesen. Deshalb versuchen die Kräfte, die dem Ich feindlich sind, auf jede Art und Weise ihn daran zu hindern, dies zu erreichen. Für sie ist „Unkenntnis, Unwissenheit – Macht“, die Unkenntnis der Massenmenschen selbstverständlich.

Der Mensch wurde, wie wir wissen, im Paradies von Luzifer versucht. Dieser verführte ihn durch den Wissenstrieb, was das Eintauchen in die Materie zur Folge hatte, das seinerseits zur Erlangung des individuellen Denkens im Ich führte. Aber mit der Erlangung des Ich-Bewusstseins kann der Mensch sich nun zur Geist-Erkenntnis wenden, und mit ihrer Hilfe den Anfang in der Rückkehr zu Gott machen. Diejenigen, für die das Böse „vom Anfang bis zum Ende der Zeiten“ besteht, bleiben in dem Moment der luziferischen Versuchung befangen. Sie verneinen die Entwicklung. Und deswegen ist in Orwells Ozeania jeder Fortschritt zum Stillstand gebracht. Alle diese Zusammenhänge sind ganz real.

Wer auf die Unveränderlichkeit der luziferischen Versuchung beharrt, der belässt das Pentagramm des Menschen faktisch auf der Spitze stehen. Dieses (auf der Spitze stehende) Pentagramm wurde letztendlich zum Symbol aller drei oben genannten Widersacher. Es ist ihr Ziel – den Sündenfall des Menschen zu verewigen, ihn auf andere, für ihn schädliche Wege der Evolution zu lenken. Zu diesem Zweck werden auf den Menschen auch dunkel-magische Wirkungen ausgeübt. Der Kampf der weißen und schwarzen Magie dreht sich um das Pentagramm. „Dieses ist ein Zeichen“, sagt Rudolf Steiner, „der okkulten Schrift, das Menschenzeichen; nichts Willkürliches, nichts Ausgedachtes ist dieses Zeichen, sondern aus dem Kosmos heraus gelesen ist es …“

„Aufwärts die Spitze des Pentagramms gerichtet, ist es das Zeichen der weißen Magie; es drückt aus die Entwicklung der Sonnenkräfte in sich. Abwärts gerichtet die Spitze ist es das Zeichen der schwarzen Magie, den Einfluss der schlimmen Erdenkräfte ausdrückend. Der schwarze Magier konzentriert seinen Willen auf den betreffenden Menschen, den er beeinflussen will, und er erweckt dadurch in ihm ganz bestimmte Gedankenbilder.“ (GA 266-1, S. 167-168, 22.10.1906)

„Die schwarze Magie zieht mittelst der Spitze die niederen schlechten Kräfte der Erde an sich heran und durch die beiden oberen Hörner sendet der schwarze Magier mittels seines bösen Willens diese schlechten Einflüsse in die Umwelt aus, um die Kräfte der Natur und der Seele seinen schlechten Zwecken in egoistischer Weise dienstbar zu machen.“ (GA 266-1, S. 184, 1.12.1906)

Und Rudolf Steiner erläutert noch weiter: „Der schwarze Magier leitet die Ströme, anstatt vom Kopfe auszugehen, vom Fuß in den Körper hinein und erzielt dadurch eine ganz andre Wirkung, indem dadurch die niederen Kräfte in den Menschen einströmen. Daher wird der weiße Magier nie anders als vom Kopfe aus gehen …“ (ibid., S. 178, 14.11.1906)

Das ist das Prinzip der schwarzen Magie der Priester der „Ingsoc“, ausgedrückt von Georg Orwell in dem Bild eines Stiefels, der ein menschliches Gesicht zertritt, um seine Individualität auszuradieren, ihn zu einem Gruppenwesen zu machen, und ihn in die bodenlose Tiefe der Hölle des ewigen Sündenfalls zu stoßen.

Viele Beschreibungen, wie solches Böse im wirklichen Leben wirkt, finden wir im Buch „Der Archipel Gulag“ von Alexander Solschenizyn. Es muss mit dem Wissen von der Wirkungsweise übersinnlicher Wesen gelesen werden.

Das Eindringen der Widersachermächte in das Pentagramm des Menschen musste sich früher oder später sozialisieren. Betrachten wir, wie diese Sozialisierung geschehen ist. Die Tatsache ist, daß absolut alle seelisch-geistigen Qualitäten des Menschen, wenn sie stabil werden, mit übersinnlichen Wesen in Beziehung kommen, sogar ihre eigentümliche Personifizierung bekommen, geistige Wesenheiten elementarer Art erzeugen, und durch sie kommt der Mensch in Beziehung mit den Wesenheiten der Hierarchien. Wenn die Qualitäten des Menschen gut sind, sind ihre Elementargeister auch gut, und der Mensch kommt in Beziehung mit den Wesenheiten der Hierarchie der normalen Entwicklung. In diesem Fall evolviert sich der Mensch in Richtung seines höheren Ich, und wird also moralischer und freier. Wenn die Qualitäten der Seele und des Geistes zum Bösen hinneigen, dann sind entsprechend die Elementargeister, die sie erzeugen, entweder luziferischer oder ahrimanischer Art. Solche Wesenheiten sind auch immer selbst auf der Suche nach Menschen, die ein geeignetes Instrument zur Erreichung ihrer Ziele sein könnten. Sie verbinden solche Menschen zu allen möglichen Arten von Gruppen, Parteien, Sekten, Cliquen usw. In diesen beginnt sich ein Gruppenbewusstsein zu formen, und zu seinem führenden Geist wird eine luziferische oder ahrimanische Wesenheit, manchmal beide zusammen. Durch solche Gruppen beginnen jene Geister die Entwicklung der Erde – erst den kulturhistorischen Prozess, dann die Evolution – in ihre Richtung zu lenken. Diese Gruppen etablieren schließlich eine Art „Priestertum“, führen die rituelle Magie, die zeremonielle Magie, ein, durch welche manchmal auch die bewusste Beziehung dieser „Priester“ mit ihren übersinnlichen Patrons gebildet wird. In der Tat steht hinter jeder Organisation der Menschen auf der Erde ein geistiges Wesen, deshalb handeln Politiker, die sich den Blödsinn, die Tatsachen des sozial-politischen Lebens primitiv materialistisch zu betrachten, nicht erlauben, eigentlich nicht so sehr in Übereinstimmung mit dem, was in ihren Parteien gesagt oder in Parteiprogrammen geschrieben wird, sondern eher in Einklang mit den Absichten und Zielen geistiger Wesenheiten, die hinter ihnen stehen. Daraus folgt, daß Parteien, die ihre geistigen Antriebe von polar entgegengesetzten übersinnlichen Inspirator-Führern schöpfen, immer Gegner bis aufs Messer sein werden, und immer versuchen werden, ein System einzuführen, in welchem sie ihre Opponenten einfach vernichten können. Dies ist eine der Wahrheiten der, sozusagen, höheren politischen Wissenschaft.

So entstanden die Systeme, die Zentren der okkulten weltpolitischen Macht auf der Erde. Aber in der Welt ihrer übersinnliche Führung geht die Arbeit intensiv um die Eroberung der Ursubstanz, welche vom väterlichen Weltengrund in den Menschen eingeschlossen wurde. Um dies zu erreichen, müssen zurückgebliebene hierarchische Wesenheiten das große Urbild des Menschen, das die Form des aufrechten Pentagramms hat, aus der normalen Evolution entfernen, es auf den Kopf stellen und in der umgekippten Position halten. Darum streben sie danach, den kosmischen Strom, der durch das Pentagramm des Menschen geht, mit ihrer Geistigkeit zu erfüllen. Diese ihre Absicht, ihr Streben, führt unweigerlich dazu, daß alle sozialen und politischen Zentren, die sie verwalten, sich nach und nach in der Form eines umgekippten Pentagramms verbinden. Dann wird die übersinnliche Gestalt des Menschen, der in einem ständigen Prozess des Sündenfalls verbleibt, zum Archetyp, Urphänomen, des okkult-politischen Lebens der irdischen Menschheit, in jenem Teil der Menschheit, der von ahrimanischen und luziferischen Wesenheiten ergriffen ist.

Übersinnliche luziferische, ahrimanische und noch eine Art von besonders grauenhaften ahrimanischen Wesenheiten – Asuras – existieren trotz ihres polaren Gegensatzes irgendwie nebeneinander: kraft der Gesetze der Evolution. Daher besteht die irdische Widerspiegelung, die Projektion ihrer Verbindung in ihrer pentagrammartigen Anordnung, trotz der wilden Widersprüche und Kämpfe ihrer grundlegenden Kräfte, weiter und zerstört sich nicht selbst. Wenn wir in der Lage sind dies zu verstehen, wird uns auch klar, weshalb keine dieser Kräfte die anderen vollständig besiegen kann, warum sogar nach einer vollen militärischen oder anderen Niederlage einer der Seiten ihre wirklichen Führer irgendwie am Leben bleiben und ihre „Sache“, wie die Bolschewiken sagen, weiter treiben.

So stellt sich heraus, daß wir auf der Grundlage der methodologischen Voraussetzungen von fünf okkult-politischen Zentren der Macht mit Weltbedeutung sprechen müssen. Und es gibt sie. Sie entstanden während des 20. Jahrhunderts. Einmal gebildet, kamen sie zu einer Art von Einheit, die durchdrungen ist von ihrer unversöhnlichen Fehde. Dies zeigt die Weisheit Gottes, daß die Geister der Hindernisse mannigfaltig sind und untereinander kämpfen. Diese Fehde ist heute im Zeichen des umgekehrten Pentagramms vereint. Und so, weil sich diese Feindseligkeiten auf das politische Leben erstrecken, ist dieses Pentagramm das Urphänomen für die Politologie in ihrer konspirologischen Richtung. Alle konspirologischen Theorien sollten eigentlich dieses Urphänomen als Grundlage ihrer Forschungen nehmen. Urphänomene sind unerschöpflich. So ist auch das Urphänomen des Bösen fähig endlos Verschwörungen zu schaffen, mit dem Ziel den Menschen der normalen Evolution zu entreißen und Weltensein dem Gottessein zu rauben. Um das zu verhindern hat der Mensch die Aufgabe, sogar die Pflicht, die Verschwörungen aufzudecken und sie auf diese Weise ins Bewusstsein der höheren Hierarchien zu bringen, welche dann eingreifen und diese an ihrer Urquelle, die nicht auf dem physischen Plan liegt, bekämpfen können.

* * *

Jetzt wollen wir versuchen, die Struktur des von uns gefundenen Urphänomens ausführlicher zu betrachten. In der esoterischen Weisheit der Menschheit (die nun exoterisch, für alle offen geworden ist) ist bekannt, daß das ganze Menschengeschlecht aus zwei Typen von Menschen besteht. Der Unterschied zwischen ihnen erscheint desto klarer, je individueller der Mensch ist. Die Eigenschaften dieser zwei Typen bestimmen nämlich viele Dinge, die im kultur-historischen, sozialen und politischen Leben zur Erscheinung kommen. Die Vertreter des einen Typus werden die „Söhne Abels", die des anderen die „Söhne Kains" genannt. Dieses Thema ist sehr groß, und wir werden uns darauf beschränken, einige wenige Aspekte zu berühren.

Aus den Söhnen Abels formte sich, sagt Rudolf Steiner, in allen Zeiten hauptsächlich der Stand der Priester, der Geistlichen und auch der Könige. Ihr Urvater war Hirte. Die Söhne Kains – sind Baumeister, es zieht sie zum weltlichen Leben. Beide mögen sich sogar instinktiv nicht. Über gewisse Fragen geraten sie manchmal in unversöhnliche Kämpfe. Ganz am Anfang, wie wir wissen, wurde Abel von Kain getötet (bei Rudolf Steiner kann man eine Erklärung finden weshalb dies geschah); später, wieder gemäß der Bibel, baute Hiram Abiff – ein Kainit – dem Salomo – einem Abeliten – den Tempel und dieser bezahlte ihn mit Mord. Die evolutionäre Aufgabe des Menschen ist es, beide Typen in sich zu verbinden und in Einklang zu bringen, bildlich gesprochen Kain und Abel zu versöhnen.

Die alten Griechen erlebten diese beiden Typen von Persönlichkeiten, wie sie in der apollinischen und dionysischen Kunst zum Ausdruck kommen. Die erste ist feierlich, erhaben, objektiv, der „Dur-Klang“, aber auch allgemeiner, die zweite in der Regel – persönlich, der „Moll-Klang“, tragisch in einfacher menschlicher Hinsicht. In der neuen Epoche ist, zum Beispiel, die Musik von Puccini mehr dionysisch, die von Glinka – mehr apollinisch. Eine geniale Synthese von beiden Prinzipien hat Richard Wagner in seiner Musik geschaffen.

Im kulturellen und sozialen Leben sind die Abeliten eher konservativ, unbeweglich, verehren die Traditionen. Die Kainiten sind liberal, demokratisch, revolutionär. In der Politik stehen die ersteren in der Regel „rechts“, die anderen – „links“. Interessanterweise haben moderne Wissenschaftler sogar genetische Unterschiede zwischen ihnen gefunden. Aber die Unterschiede, wie bekannt ist, tragen, abgesehen vom Positiven, das sie mit sich bringen, zur Spaltung unter den Menschen bei. Und dies wird von den Geistern der Hindernisse weitläufig ausgenutzt.

Um nicht unsere eigenen Ausführungen in die Länge zu ziehen, bringen wir ein ziemlich großes Zitat aus einem Vortrag von Rudolf Steiner, das uns mehr zu diesem Thema erklären und zum besseren Verständnis der Natur des Bösen beitragen wird. Der Vortrag wurde im Jahr 1904 gehalten, und dort wird gesagt: „Wodurch wird das Leben zur Form? Dadurch, daß es einen Widerstand findet; daß es sich nicht auf einmal – in *einer* Gestalt – zum Ausdruck bringt. Beachten Sie einmal, wie das Leben in einer Pflanze, sagen wir der Lilie, von Form zu Form eilt. Das Leben der Lilie hat eine Lilienform aufgebaut, ausgestaltet“.

„Wenn diese Form ausgestaltet ist, überwindet das Leben die Form, geht in den Keim über, um später als dasselbe Leben in einer neuen Form wiedergeboren zu werden. Und so schreitet das Leben von Form zu Form …“ Die Form begrenzt, hält auf das fließende formlose Leben, schafft ihm Hindernisse.

„Gerade von dem, was zurückgeblieben ist, was ihm auf höherer Stufe stehend wie eine Fessel erscheint, gerade aus dem erwächst im großen Kosmos die Form“. Ein Beispiel: Das Leben der katholischen Kirche von der Zeit des Augustinus bis zum 15. Jahrhundert ist christlich, die Form aber ist das Leben der altrömischen Epoche; was damals Leben war, ist nun geronnen, fest geworden. „Was früher Leben war, wird später Form für eine höhere Stufe des Lebens …“

„Immer ist das Leben einer vorhergehenden Epoche die Form einer späteren Epoche. In dem Zusammenklingen von Form und Leben ist zugleich das andere Problem gegeben: das des Guten und Bösen; dadurch, daß das Gute einer früheren Zeit vereint ist mit dem Guten einer neuen Zeit. Und das ist im Grunde genommen nichts anderes als eben das Zusammenklingen des Fortschreitens mit seiner eigenen Hemmung. Das ist zugleich die Möglichkeit des materiellen Erscheinens, die Möglichkeit, zum offenbaren Dasein zu kommen. Das ist unser Menschendasein innerhalb der mineralisch-festen Erde: Innenleben und das zurückgebliebene Leben der früheren Zeit zur hemmenden Form verhärtet. Das ist auch die Lehre des Manichäismus über das Böse“.

„Eine über das Rosenkreuzertum hinübergreifende Strömung des Geistes will Mani schaffen, eine Strömung, die weitergeht als die Strömung der Rosenkreuzer. Diese Strömung des Mani strebt hinüber bis zur sechsten Wurzelrasse [sie wird in einigen Jahrtausenden kommen; das Wort „Wurzelrasse“ ist in der okkulten Wissenschaft terminus technicus für die Bezeichnung einer Entwicklungsperiode, die aus sieben Kulturepochen besteht. – Anm. d. A.], die seit der Begründung des Christentums vorbereitet wird. Gerade in der sechsten Wurzelrasse wird das Christentum erst in seiner vollen Gestalt zum Ausdruck kommen. Dann erst wird es wirklich da sein. Das innere christliche Leben als solches überwindet jegliche Form, es pflanzt sich durch das äußere Christentum fort und lebt in allen Formen der verschiedenen Bekenntnisse. Wer christliches Leben sucht, wird es immer finden. Es schafft Formen und zerbricht Formen in den verschiedenen Religionssystemen. Nicht darauf kommt es an, die Gleichheit überall zu suchen in den äußeren Ausdrucksformen, sondern den inneren Lebensstrom zu empfinden, der überall unter der Oberfläche da ist. Was aber noch geschaffen werden muß, das ist eine Form für das Leben der sechsten Wurzelrasse. Die muß früher geschaffen werden, denn sie muß da sein, damit sich das christliche Leben hineingießen kann. Diese Form muß vorbereitet werden durch Menschen, die eine solche Organisation, eine solche Form schaffen werden, damit das wahre christliche Leben der sechsten Wurzelrasse darin Platz greifen kann. Und diese äußere Gesellschaftsform muß entspringen aus der Mani-Intention .... Das muß die äußere Organisationsform sein, die Gemeinde, in der zuerst der christliche Funke wird so recht Platz greifen können".

"Weniger handelt es sich um die Pflege des innerlichen Lebens – das Leben wird auch in anderer Weise fortfließen –, sondern mehr um die Pflege der äußeren Lebensform".

„Nun werfen wir einen Blick auf das, was sein wird in der sechsten Wurzelrasse. Da werden das Gute und das Böse einen weitaus anderen Gegensatz noch bilden als heute. ... Auf der einen Seite werden dann Menschen da sein von einer gewaltigen inneren Güte, von Genialität an Liebe und Güte; aber auf der anderen Seite wird auch das Gegenteil da sein. Das Böse wird als Gesinnung ohne Deckmantel bei einer großen Anzahl von Menschen vorhanden sein, nicht mehr bemäntelt, nicht mehr verborgen. Die Bösen werden sich des Bösen rühmen als etwas besonders Wertvollem. Es dämmert schon bei manchen genialen Menschen etwas auf von einer gewißen Wollust an diesem Bösen, diesem Dämonischen der sechsten Wurzelrasse. Nietzsches «blonde Bestie» ist zum Beispiel so ein Vorspuk davon."

„Dieses rein Böse muß herausgeworfen werden aus dem Strom der Weltentwickelung wie eine Schlacke… in die achte Sphäre. Wir stehen heute unmittelbar vor einer Zeit, wo eine bewußte Auseinandersetzung mit dem Bösen durch die Guten stattfinden wird.“

„Die sechste Wurzelrasse wird die Aufgabe haben, das Böse durch Milde so weit als möglich wieder einzubeziehen in den fortlaufenden Strom der Entwickelung. … Dieses kräftig vorzubereiten, das ist die Aufgabe der manichäischen Geistesströmung. Sie wird nicht absterben, diese Geistesströmung, sie wird in mannigfaltigen Formen auftreten…, die aber heute nicht ausgesprochen zu werden brauchen. Würde sie sich lediglich auf die Pflege der inneren Gesinnung beziehen, so würde diese Strömung nicht das erreichen, was sie soll. Sie muß sich ausdrücken in der Begründung von Gemeinden, die vor allen Dingen den Frieden, die Liebe, das Nichtwiderstreben dem Bösen [durch Kampf] als das Maßgebende ansehen und zu verbreiten suchen. Denn sie müßen ein Gefäß, eine Form schaffen für das Leben, das sich auch ohne sie fortpflanzt.“

„Nun werden Sie begreifen, warum Augustinus, der bedeutendste Geist der katholischen Kirche, der in seinem «Gottesstaat» geradezu die Form der Kirche ausbildete, die Form für die Gegenwart geschaffen hat, warum er notwendigerweise der heftigste Gegner der Form sein mußte, die die Zukunft vorbereitet. Da stehen sich zwei Pole gegenüber: Faustus [ein Kainit] und Augustinus [ein Abelit – Anm. d. A.]. Augustinus, der auf die Kirche baut, auf die gegenwärtige Form; Faustus, der aus dem Menschen heraus den Sinn für die Form der Zukunft vorbereiten will.“

„Das ist der Gegensatz, der sich entwickelt im 3. und 4. Jahrhundert nach Christus. Er bleibt vorhanden und findet seinen Ausdruck in dem Kampf der katholischen Kirche gegen die Tempelritter, Rosenkreuzer, Albigenser, Katharer und so weiter. Sie alle werden ausgerottet vom äußeren physischen Plan, aber ihr Innenleben wirkt weiter. Später kommt der Gegensatz in abgeschwächter, aber immer noch heftiger Form wieder zum Ausdruck in zwei Strömungen, herausgeboren aus einer abendländischen Kultur selbst, als Jesuitismus (Augustinismus) und Freimaurerei (Manichäismus). Die auf der einen Seite den Kampf führen, sind sich dessen alle bewußt, die Katholiken und Jesuiten der höheren Grade; die aber auf der anderen Seite, die im Geiste des Mani den Kampf führen, bei denen sind sich die wenigsten dessen bewußt, nur die Spitze der Bewegung ist sich dessen bewußt."

„So stehen sich in den späteren Jahrhunderten gegenüber Jesuitismus (Augustinismus) und Freimaurerei (Manichäismus). Das sind die Kinder der alten Geistesströmungen. Daher haben Sie sowohl im Jesuitismus wie im Freimaurertum eine Fortsetzung derselben Zeremonien bei den Einweihungen wie in den alten Strömungen. Die Einweihung der Kirche im Jesuitismus hat die vier Grade: coadjutores temporales, scholares, coadjutores spirituales, professi. Die Grade der Einweihung in der eigentlichen okkulten Freimaurerei* sind ähnlich. Sie laufen einander parallel, verfolgen aber ganz verschiedene Richtungen." (GA 93, S. 74-79, 11.11.1904)

Und aus diesen beiden verschiedenen Richtungen sind die beiden Strömungen zur politischen Konfrontation gekommen. Es bildeten sich daraus die zwei wichtigsten politischen Kräfte, die zwei Zentren der okkult-politischen Macht in der Welt.

Wegen des Niederganges unserer ganzen Zivilisation

---

* Hier möchten wir den Leser darauf aufmerksam machen, daß, weil diese Namen häufig rein spekulativ und oft sehr plakativ gebraucht werden, und nur schon ihre Erwähnung stereotype Vorstellungen und Gedanken hervorrufen kann, wir im Weiteren die Jesuiten „Väter der Dunkelheit" und die Freimaurer „Brüder des Schattens" nennen werden (der letztere Ausdruck wird von Rudolf Steiner verwendet).

verfallen auch ihre Bestandteile, Elemente. Heute ist es deshalb schwierig, etwas Konstruktives in diesen beiden uralten Strömungen zu finden. Aber darüber zu sprechen ist genau so schwierig, wie es schwer war in der ehemaligen Sowjetunion über die Unzulänglichkeiten der kommunistischen Partei zu sprechen. Jede kritische Beurteilung von der einen wie der anderen Strömung wird extrem feindselig aufgenommen. Aber da die Repräsentanten dieser Strömungen überall zu finden sind: in der Regierung, in der Verwaltung der Finanzen, der Industrie, des kulturellen Lebens, in der Wissenschaft, in den politischen Parteien – ist es doch nötig darüber zu sprechen. Sie sind zahlreich aus dem Grunde, weil die Zugehörigkeit zu einer dieser Strömungen zur Gewähr einer erfolgreichen Karriere geworden ist. In diesem Sinne erinnern diese Strömungen stark an die Kommunistische Partei, aber sie sind viel bedeutender als sie es war. Sie sind die Urheber des Globalisierungsprojekts, der Revolutionen, einschließlich der berüchtigten sexuellen, sie erzwingen die Vermischung der Rassen usw. usf.

Die wirkliche Größe der „Brüder des Schattens" ist in der Vergangenheit geblieben. Rudolf Steiner sagt: „[Die Freimaurerei] hat ihre Bedeutung verlieren müssen in dem Maße, als die Welt rationalistisch wurde. Ihre Bedeutung hat sie gehabt in der Zeit, als die vierte Kulturepoche [die griechisch-lateinische] noch entwickelt wurde. Die fünfte Kulturepoche [d.h. die gegenwärtige] brachte es mit sich, daß die Maurerei ihre Bedeutung verlor." (GA 93, S. 89, 2.12. 1904)

In einem seiner Vorträge erzählt Rudolf Steiner, daß, als Lessing in die Freimaurerloge aufgenommen wurde, er vom Meister des Stuhls gefragt wurde: „Nun sehen Sie doch selbst, daß Sie in keine Dinge eingeweiht werden, die besonders staats- oder religionsfeindlich sind? - Und Lessing antwortete: Ja, ich muß gestehen, solche Dinge habe ich nicht erfahren. Ich wäre allerdings froh, wenn ich so etwas erfahren hätte, denn dann hätte ich doch wenigstens etwas erfahren.“ (GA 93, S. 261, 2.1.1906)

Rudolf Steiner sagt auch, daß bei den „Brüdern des Schattens“ nichts Christliches geblieben ist. Sie wurden schließlich einfach zum Werkzeug „geheimer Gesellschaften“, die sich eben gerade mit Geopolitik beschäftigen, und durch diese Gesellschaften bekam die esoterische Praxis der „Brüder des Schattens“ einen sehr dunklen Charakter.

Es ist, spricht Rudolf Steiner weiter, auch bei den „Vätern“ nichts Christliches geblieben. Ihr Orden ist ein Ausdruck des letzten Stadiums der Entartung des römischen Katholizismus, welcher eine direkte Fortsetzung des alten römischen Imperiums ist, mit dessen Trieb zur Herrschaft. Und wenn sie doch „Väter“ sind, dann nicht des geistigen Lichts, sondern der Dunkelheit, in der sie dunkle Geschichten spinnen. Aber notwendig ist zu bemerken, wenn man die „Väter der Dunkelheit“ so charakterisieren kann (der Leser sollte dies nicht als Kritik auffassen), so bedeutet das nicht, daß man dasselbe wiederholen kann, wenn man vom Katholizismus im Allgemeinen spricht. „Wenn der römische Katholizismus in seiner Totalität heute genommen wird,“, so Rudolf Steiner, „selbstverständlich nicht so, wie ihn die einzelnen Pfarrer verstehen, die ja gemeiniglich sehr schlecht unterrichtet sind, sondern wenn er genommen wird… als theologisches System, als Inhalt einer umfassenden Weltanschauung, dann ist der Katholizismus ein solches inhaltvolles System einer umfassenden Weltanschauung. Das ist ja das Grandiose der katholischen Lehre, wie sie im Mittelalter als Scholastik auftrat, daß sie ein nach allen Seiten hin geschlossenes und im Einzelnen logisch und auch sonst ontologisch durchgearbeitetes Weltanschauungsgebilde ist... , das von alten Zeiten bewahrt hat die Vorstellung vom Vater, vom Sohne, vom Geist, ein Weltanschauungsgebilde, welches also gewisse die Welt umspannende dogmatische Lehren über die Trinität hat, ein Weltanschauungsgebilde, welches in der augustinisch-thomistischen

Weltanschauung es dazu gebracht hat, auch eine Anschauung über die soziale Menschenordnung aus sich hervorzubringen. ... Man muß, um das katholische System, die katholische Glaubenslehre, wenn man es so nennen will, zu verstehen, in der schärfsten Weise mit Begriffen operieren können, man muß klare und deutliche Begriffsübergänge haben, man muß in einer Weise mit Begriffen operieren können, die moderne Philosophen schon im höchsten Grade unbequem finden, und die insbesondere auch protestantische Theologen unbequem finden. ... [D]er Katholizismus hat ein festgefügtes, knochenstarkes Glaubensgebäude, das von den Naturprinzipien ausgeht und sich hinaufarbeitet, das sich von unten aufbaut und zu einer umfassenden Weltanschauung gelangt, die der Mensch dann mit seiner Seele vereinigen kann, wenn auch die höheren Gebiete als die bloß geoffenbarten Wahrheiten anerkannt werden." Zwar ist dies alles heute nur das letzte Überbleibsel der alten Weltanschauungen. Und es besteht ein großer „Gegensatz zwischen Katholizismus und der modernen Zivilisation." „Niemals kann der Katholizismus die Menschen weiterbringen, als wo sie schon sind. … Wir sehen hin auf dasjenige, was der Katholizismus gebracht hat. Er hat in dieser heutigen Zeit den Jesuitismus gebracht, nicht den Christismus." (GA 203, S. 182-186, 6.2.1921)

Allerdings weist Rudolf Steiner auf gewisse Eigenschaften bei den „Väter der Dunkelheit" hin, die zu lernen der ganzen Menschheit gut tun würde. „Noch niemals", sagt Rudolf Steiner, „wird jemand, wie ich glaube, einen begabten Jesuiten nervös gesehen haben, währendem die moderne Gelehrsamkeit und die moderne Bildung immer mehr nervös werden. Wann wird man nervös? Wenn die physischen Nerven sich geltend machen. Dann macht sich etwas geltend, was eigentlich physisch gar keine Berechtigung hat, sich geltend zu machen, weil es bloß da ist, um das Geistige durchzuleiten. Diese Sachen hängen innig zusammen mit der Verkehrtheit unseres modernen Bildungswesens, und der Jesuitismus ist gewiß von einem Standpunkte aus, den wir entschieden bekämpfen müssen, aber eben von einem Standpunkte des Belebens des Denkens aus, etwas, was mit der Welt geht, wenn es auch wie ein Krebs zurückgeht. Aber es geht, es steht nicht still, während unsere Wissenschaft, wie sie heute gang und gäbe ist, im Grunde genommen den Menschen gar nicht ergreift."

„Wenn ich Sie da auf etwas hinweisen darf, so muß ich sagen: Ich habe ja schon öfters zum Ausdrucke gebracht, wie es einem eigentlich fortwährend immer wieder und wiederum Schmerz bereitet, daß dieser moderne Mensch, der ja alles Mögliche denken kann, der so furchtbar gescheit ist, aber doch mit keiner Faser seines Lebens auch lebendig drinnensteht in der Gegenwart, nicht sieht, was um ihn herum vorgeht; er sieht es ja nicht, was um ihn herum vorgeht, er will nicht mitmachen. Das ist beim Jesuiten anders. Der Jesuit, der den vollen Menschen in Regsamkeit bringt, der sieht, was heute durch die Welt vibriert." (Ibid., S. 174-175, 29.4.1921)

* * *

Der erbitterte Kampf zwischen den „Vätern" und den „Brüdern" in der Vergangenheit ist bekannt. Er zwang die „Brüder" sich zu verbergen und „konspirologisch" zu wirken. Aber als die äußere Gefahr zu Ende gekommen war, blieb doch die „Konspirologie". Und die „Väter" nahmen dazu auch Zuflucht. Manchmal betreiben sie solches auch zusammen, wie zum Beispiel im sozialistischen Experiment in Russland. Doch sie bleiben Antipoden, von denen einer den anderen ins Verderben stürzen will. Durch ihren Kampf wird die gegenwärtige Welt zerrissen. Nichtsdestotrotz, es kann ihnen nicht direkt die Schuld für alles Böse in der Welt angehaftet werden. Denn hinter ihnen stehen mächtige übersinnliche Kräfte. Diese beiden Strömungen sind – nur deren Werkzeuge.

Inspiriert von Ahriman haben die „Brüder des Schattens“, die das „**Werkzeug von Geheimgesellschaften** (des linken Pfades) **sind**“ (wie Rudolf Steiner sagt), zusammen mit den „Vätern der Dunkelheit“, den Bolschewismus erzeugt. Dieser – ist ihr ruchloses Kind. Geboren und erstarkt, fand er seinen eigenen Patron in den Sphären der übersinnlichen Welt, und er versucht nun, seine Eltern zu verschlucken und die Welt zu beherrschen.

Während des 20. Jahrhunderts kamen zu diesen okkultpolitischen Machtzentren zwei weitere hinzu, die ebenfalls aus dem Übersinnlichen gesteuert werden. Das sind der Nationalsozialismus und der Zionismus. Und als es fünf geworden waren, haben die drei Arten von zurückgebliebenen Geistern sie zu einer Einheit gebracht und in der Gestalt des umgekippten Pentagramms, welches ihr Archetyp, ihr Primärphänomen ist, sozialisiert. Das sieht so aus, wie auf Abbildung 11 gezeigt, oder besser, so sah es aus bis zur Perestroika, als die Sowjetunion noch existierte.

Dieses Pentagramm ist eingeschlossen im Dreieck der

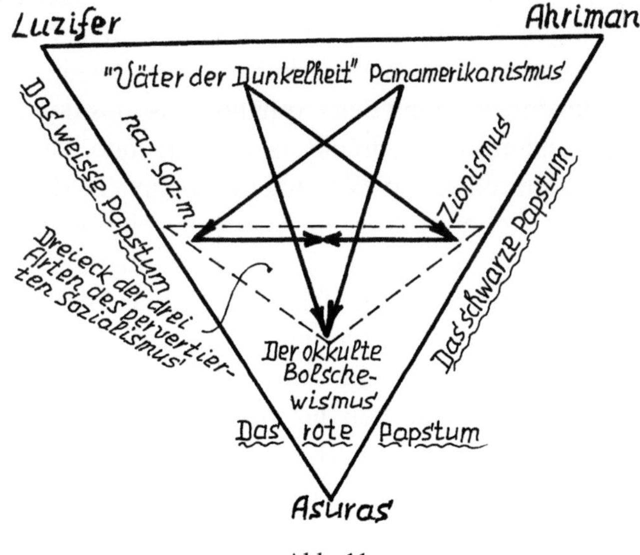

Abb. 11

zurückgebliebenen Wesenheiten der drei Hierarchien. Auf der einen Seite steht es in Beziehung zum Göttlichen Dreieck, das in die Evolution abgestiegen ist, auf der anderen – macht es dieses schwerer. Die Wesenheiten, die dieses Dreieck bilden, versuchen dem göttlichen Dreieck die Kraft der Metamorphose zu nehmen, d.h. die Möglichkeit der Rückkehr in die geistigen Höhen. Der Mensch ist das Hauptwerkzeug im Kampf dieser Wesen gegen Gott und die von Ihm gewollte Evolution, aber nur wenn der Mensch sich zum ewigen Sündenfall bereit erklärt.

Die fünf Zentren der gegenwärtigen Macht auf Erden werden geleitet von drei, sagen wir, irdischen „Statthaltern" der zurückgebliebenen Hierarchien, drei Päpsten. Einer, der „weiße", ist bekannt – er sitzt in Rom (es hat keine Bedeutung, ob er sich seiner Rolle bewusst ist oder nicht, die Hauptsache ist – was er tut). Es gibt den Papst der Geheimgesellschaften. Er wird der „schwarze" genannt. Und dann gibt es noch den „roten" Papst des Bolschewismus. Zum ersten Mal überzeugend hat von ihm Gregorij Klimov erzählt, ein Offizier, der im Jahre 1948 von Berlin in den Westen überlief. (Dort beteiligte er sich dann an den Forschungen des sogenannten „Harvard Projects", das den Abschluss des sowjetischen Experiments vorbereitete.)

Der kosmische Sinn des Urphänomens, das den Zustand des ewigen Sündenfalls ausdrückt, ist der folgende. Die zurückgebliebenen hierarchischen Wesenheiten haben in den Bedingungen der materiellen Kultur eine Form geschaffen, mit der sie versuchen, das Göttliche Dreieck der Uroffenbarung zu ersetzen. In diesem Dreieck wurde der höhere Mensch geoffenbart, der in sich vereint den Namen, das Reich und den Willen des väterlichen Weltengrundes, die zu den höchsten Gliedern seines Geistes wurden. Sie sollten das niedere „Ich" des Menschen gebären, und dies machte die Materialisierung nötig, die nicht möglich gewesen wäre, wenn zurückgebliebene hierarchische Wesenheiten diese Auswechslung nicht angestrebt hätten. Können wir dieses Streben als „Verschwörung gegen Gott“ bezeichnen? Nein, das können wir nicht. Denn auf der einen Seite handelt es sich hier einfach um ein Gesetz der Evolution und auf der anderen – haben wir es nur zu tun mit Folgen der Versäumnisse, welche die Menschen sich im Laufe der Entwicklung erlaubt haben. Ein Ziegel, der aus dem Dach gebrochen ist, wird sicherlich fallen, und ob er auf einen Menschenkopf auftreffen wird oder nicht – hängt in vielem vom Menschen selbst ab.

Aber das Eingreifen der *zurückgebliebenen Geister* in das soziale Leben der Menschen übersteigt, selbstverständlich, ihre legitimen Aufgaben in der Evolution. Dies kann mit einem fallenden Ziegel verglichen werden, der während seines Falles denken und aus seiner Bahn heraustreten könnte, um den Kopf des Menschen zu treffen. Und diese Art von Bestrebungen verstecken sie natürlich vor dem Menschen, denn wüsste der Mensch davon, könnte er lernen auf „fallende Ziegel“ aufzupassen. Darum können wir über eine Verschwörung der zurückgebliebenen Geister gegen die Menschen sprechen. Die Götter warnen die Menschen davor, aber sie wollen es nicht hören. Und in diesem Fall werden die menschlichen Angelegenheiten auf Erden immer schlimmer und schlimmer werden. Die Menschheit wird weiter unmenschlichen sozialistischen, eugenischen, genetischen usw. Experimenten unterworfen werden; die Versuchungen der Menschen mit Macht und Wohlergehen werden sie stärker in Parteien, Verbände, Blöcken, Orden, Logen hineinziehen und dort festhalten.

* * *

Die Perestroika in Russland geschah nicht, um die versklavten Völker vom Bolschewismus zu befreien. Sie war ein Ausdruck für die Umbildung (wie „Perestroika“ auf Deutsch übersetzt werden kann – Anm. d. Übers.) des oben gezeigten Urphänomens, für eine neue Phase im sozialen und politischen

Experimentieren. Hätten die Politologen dieses Urphänomen früher erkannt und gewusst, daß es die reale Grundlage für die Theorie der Konspirologie bildet, hätte man schon in den 90er Jahren des 20. Jahrhunderts verstehen und offen darüber sprechen können, wohin Russland und die ganze Menschheit als nächstes geführt werden soll.

Dieses Urphänomen erscheint auf der übersinnlichen Ebene wahrscheinlich als eine Art höllische Fratze, wie sie manchmal von Filmemachern nicht schlecht dargestellt wird. Während der Perestroika hat sich, bildlich gesprochen, der Ausdruck dieser Fratze geändert, ihre zerrütteten Züge haben sich in eine andere Anordnung verzerrt. Und die Bewegung dieser Züge zieht globale Ereignisse auf der Erde nach sich, die wir jetzt beobachten können.

Das bolschewistische Russland wurde von der unteren Spitze des Pentagramms weggestoßen. Die Russen – das ist nicht diejenige Ethnie, die den Bolschewismus mit voller Kraft über die ganze Erde ausbereiten kann. Wenn Russland damit ganz aus dem Pentagramm geworfen worden wäre, dann wäre es ihm möglich, geistig neu geboren zu werden. Aber es wurde in das umgekippte Pentagramm hineingestoßen, und es wurde dort eine Art *Trophäe*, um die alle fünf Machtzentren der Welt ihre Fangarme schlingen. Sie brauchen es als große träge Kraft in ihrem Kampfe untereinander. Als solche haben sie es faktisch schon lange genutzt. Ohne Russland wäre der Erste Weltkrieg nicht ausgebrochen. Vor dem Zweiten Weltkrieg war man sich in Berlin deutlich bewusst, daß man ohne Bündnis mit der Sowjetunion den Krieg gegen England nicht gewinnen wird, und in London wusste man, daß man ohne Moskau Deutschland nicht besiegen wird.

Jetzt haben die Experimentatoren verstanden, daß ohne Russland die Schaffung des Trifoliums der Superblöcke scheitern würde. Das Beste für Russland wäre es, keine politische

Trophäe für irgendeine Weltmacht zu werden. Doch dies auf eine äußerliche, militärische und wirtschaftliche Art zu erreichen, ist ihm nicht gegeben. Dies wird sich in den weiteren Ereignissen in der Ukraine zeigen. Den Platz der Sowjetunion auf der Spitze des umgekippten Pentagramms haben nun die Vereinigten Staaten eingenommen, und an ihre Stelle kamen die „Brüder des Schattens“, vereinigt in der EU, zu stehen (s. Abb. 12).

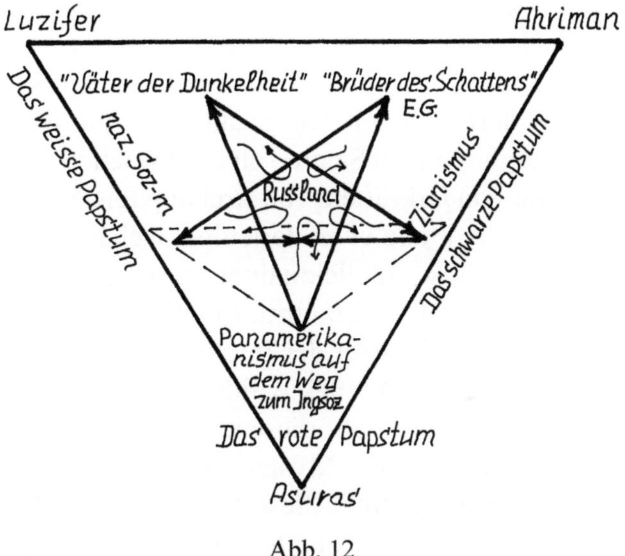

Abb. 12

Der ehemalige Pan-Amerikanismus im Gewand des Humanismus war noch mehr oder weniger akzeptabel. Aber jetzt verwandelt er sich in das „Ozeanien“ mit der Ideologie des „Ingsoc“. Und das ist in einem gewissen Sinne auch gesetzmäßig. Zu Beginne des 20. Jahrhunderts warnte Rudolf Steiner: „Heute ist man in praxi überschwemmt von dem, was als äußerster radikaler Flügel des Westens im Bolschewismus sich auslebt, und der Westen wird es zu erleben haben, daß das, was er selbst nicht haben will, sich nach dem Osten hinüber abschiebt, und daß ihm in einer gar nicht fernen Zeit von dem Osten dasjenige entgegenkommt, was er selber dorthin abgeschoben hat. Und es wird dann eine merkwürdige Selbsterkenntnis sein.“ (GA 199, S. 114, 21.8.1920) Dies ist es, was wir heute erleben, nur mit einer Ausnahme – der Selbsterkenntnis. Im Westen will man diese nicht pflegen. Aber mögen wir hoffen, daß seine Zeit dafür kommen wird.

Rudolf Steiner charakterisiert den Bolschewismus von der geistigen Seite und verweist auf die zurückgebliebenen Geister. Er sagt diese Geister werden, gemäß der christlichen Tradition der Kirche, als Teufel, Satan und anders bezeichnet. Aber der Teufel darf nicht mit dem Satan vermischt werden. Der Teufel ist im Vergleich zum Satan – eine schwächere Kraft. „Satan hat den Rang von Urkräften, von Archai [Geister der Persönlichkeit – Anm. d. A.], und er ist derjenige, welcher im Verlaufe der Weltevolution diese Intellektualität ergriffen hat, lange bevor sie ... an den Menschen herantritt. Er ist gegenwärtig sozusagen der umfassendste Besitzer der Intellektualität, und er strebt danach, die menschliche Intellektualität so stark an die seinige zu binden, daß der Mensch auf diesem Wege herausfallen kann aus seiner Evolution. Also das Mysterium von Golgatha unwirksam zu machen, danach strebt diese ahrimanische Macht.“ Einen Zugang zum Menschen kann Satan nur dank dem Intellekt gewinnen, „... denn der Intellekt sitzt so im Menschen, daß er im Menschen das Allerselbständigste vorstellt; alles übrige hängt an gewissen göttlichen Mächten. ... So muß der Mensch verstehen lernen, daß er sich freiwillig zu identifizieren hat mit den letzten Zielen der Apokalypse, wo deutlich angedeutet wird von dem Apokalyptiker, daß da erscheinen wird diejenige Macht, die das Alpha und Omega der durchgehenden Schöpferkräfte, das durchgehende Schöpferwesen der Evolution darstellt [das ist der Christus - Anm. d. A.] ...“ Besonders kräftig wirkt Satan im osteuropäischen Bolschewismus, wo man mit allen Mitteln die Menschen so zu vereinigen versucht, daß eine Gruppenseele notwendig würde. „„... Wenn dann die Intelligentesten so hinübergenommen werden in das niedere Gebiet des Ahrimanischen, dann können die Gruppen, die da gebildet werden, als Gruppen nur ahrimanischen Mächten zugeteilt werden; und dann wäre das der Weg für die satanischen Mächte, um die Menschheit aus der Erdenevolution herauszureißen und in eine andere planetarische Evolution hineinzubringen.“ (GA 346, S. 257-259, 22.9.1924)

Was in diesem Fall zu tun ist, sprach Rudolf Steiner auch aus. Unter diesen Umständen muss der Mensch ins Zentrum aller seiner Empfindungen die Tatsache stellen, „daß es sich für ein ernsthaftes Eingreifen in weltgestaltende Kräfte von Seiten der Geisteswissenschaft darum handelt, dasjenige zur Geltung und Anerkennung unter den Menschen zu bringen, was von unserem Gesichtspunkte aus genannt wird die Initiationswissenschaft ...“

Initiationswissenschaft haben, wenn auch in einer für die Menschheit durchaus nicht vorteilhaften Weise, die westlichen Geheimgesellschaften. Initiationswissenschaft hat alles dasjenige, was von den „Vätern der Dunkelheit“ abhängig ist. „Und eine Initiationswissenschaft eigentümlicher Art hat auch der Leninismus. Denn daß der Leninismus versteht, sich in einer so klugen Weise durch die Verstandesformen des Kopfes auszudrücken, das hat seinen ganz bestimmten Grund. Im Leninismus arbeitet sich an die Oberfläche der Menschheitsentwickelung die Klugheit des menschlichen Tieres, die Klugheit der menschlichen Animalität. Alles dasjenige, was aus den menschlichen Instinkten, aus menschlicher Selbstsucht fließt, das nimmt Interpretationen und Formen an in dem, was im Leninismus und Trotzkismus in einer äußerlich so klug scheinenden Weise zutage tritt. Das Tier will sich einmal als gescheitestes Tier an die Oberfläche arbeiten und will alle ahrimanischen Kräfte, welche das Ziel haben, Menschliches, spezifisch Menschliches auszuschließen, und alles dasjenige, was an Klugheit verbreitet ist in der Tierreihe – ich habe es oftmals betont –, zu menschheitsgestaltenden Kräften machen.“

Die Wespen stellen mit großem Geschick ihre Nester aus demselben Stoff, aus dem das Papier besteht, her. „Da ist die menschliche Klugheit innerhalb der Tierheit drinnen. Und wenn Sie zusammennehmen alles dasjenige, was in der Tierheit ausgebreitet ist an solcher Klugheit, und wenn Sie sich denken, daß die ahrimanischen Kräfte dieses aufnehmen, um es heraufzuschöpfen in die menschlichen Köpfe derjenigen, die nur nach egoistischen Instinkten gehen, dann werden Sie begreifen, daß eine Wahrheit darin sein kann, wenn man sagt, Lenin, Trotzkij und ähnliche Leute sind die Werkzeuge dieser ahrimanischen Mächte. Das ist eine ahrimanische Initiation, die einfach einer andern Weltensphäre angehört, als unsere Weltensphäre ist. Aber es ist eine Initiation, die in ihrem Schoße die Macht hat, die menschliche Zivilisation von der Erde hinwegzubekommen, alles dasjenige, was sich als menschliche Zivilisation gebildet hat, hinwegzubekommen von der Erde.“

„Mit drei Initiationsrichtungen hat man es zu tun: mit zwei auf dem Plane der Menschheitsentwickelung liegenden und mit einer unterhalb des Planes der Menschheitsentwickelung liegenden, aber ungeheuer willensstarken, fast unbegrenzt willensstarken Initiation. Und das, was Ordnung, was ein menschenwürdiges Ziel in diese ganze Richtung bringen kann, das ist allein dasjenige, was innerhalb wahrer Geisteswissenschaft liegt. Aber es kann ein wahres Ziel, ein wirklicher Ernst von dieser Geisteswissenschaft nur ausgehen, wenn man sie wirklich zu einer durchgreifenden Angelegenheit des Lebens macht und wenn man aufmerksam darauf ist, wieviel Geschwätz, wieviel Hochmutsteufel und seelischer Egoismus sich vielfach in dem äußert, was, meist ganz ehrlich, angehängt wird dieser geisteswissenschaftlichen Bewegung. Es nützt nichts, diese Dinge zu verschweigen. Sie müssen im Gegenteil immer wieder und wiederum besprochen werden. Denn wie sollte man sonst heute jene Kräfte in die Seelen hineinzubringen hoffen, welche notwendig in den Seelen sein müssen, wenn die Zivilisation nicht ihrem Niedergang entgegengehen soll!" (GA 197, S. 59-61, 13.6.1920)

Sein Mysterium, sein Initiationszentrum, zeigt der Bolschewismus offen der Welt. Es ist das Mausoleum mit dem einbalsamierten Leichnam, der tot zu sein scheint, aber dessen Zellen nichtsdestotrotz ihre eigene Feuchtigkeit halten (die Wissenschaftler schrieben darüber in den Zeitungen) und um ihn herum das „ewige Politbüro" in Form von Aschenurnen, eingemauert in die Wand des Kremls. Der Komplex ist seinem Wesen nach eine Loge, eine öffentliche Loge, die ihren Stempel vielen Millionen Menschen aufgedrückt hat, die durch das Mausoleum gegangen sind. Und die Militärparaden und Massendemonstrationen waren eine schwarze zeremonielle Magie, die in den Rang der Staatspolitik erhoben wurde. Während dieser Mysterien standen die sogenannten „Regierungs"-Mitglieder auf dem Grab (!) (Mausoleum) und empfingen, saugten die Entzückung der Massen ein. Die materialistische Menschheit schaut dies seit Jahrzehnten mit an und zeigt kein Anzeichen eines Umdenkens. Und die Tatsache bekümmert sie gar nicht, daß (wie Rudolf Steiner selbst sagt) „das Goetheanum von den Jesuiten und den Freimaurern niedergebrannt wurde". Das Goetheanum, das von den Göttern zur Errichtung eines neuen Zentrums der lichten Christlichen Initiation bestimmt war, unter der Führung des Erzengels Michael – dem Kämpfer gegen den Drachen.

V. Die welthistorische Aufgabe Mitteleuropas

Die anthroposophische Zielsetzung beruht auf der Erkenntnis der Gesetze der wahren Evolution der Welt und des Menschen. Diese Evolution führte zur modernen Form des menschlichen Selbstbewusstseins und soll den Menschen weiterführen zur nächsten Stufe, dem Überbewusstsein, wo der Mensch individuell anschauend, wahrnehmend denken wird. Somit ändert sich die Form des menschlichen Bewusstseins solchermaßen, daß man über die Artenmetamorphose des Menschen sprechen kann. Eigentlich erwartet den Menschen eine glänzende Zukunft auf diesem Weg. Aber um von ihm nicht abzukommen, ist es in erster Linie notwendig das Wesen unserer *europäischen* Kulturepoche zu verstehen, zu verstehen woher sie kam und wohin sie sich mit ihrem nächsten rechtmäßigen Schritt bewegen wird. Sie wird es nur tun, wenn sie ihre Aufgaben lösen wird. Und schon die Arbeit an der Lösung der modernen Aufgaben bedeutet die Arbeit für die Zukunft, für die nächste Kulturepoche. Es ist nötig genau diese Arbeit dem Projekt der Schaffung von drei Superblöcken entgegenzustellen.

Was ist die natürliche Evolution der Menschheit? Sie verläuft in Etappen, geht durch eine Reihe von Metamorphosen. Eine dieser Etappen wird in der Esoterik (wir haben es bereits angetroffen) „Wurzelrasse“ genannt. In ihr selbst geschieht die Entwicklung in einer Reihe von sieben Kulturepochen. Zusammen bilden sie eine einzige, einheitliche Lemniskate. Ihr Knotenpunkt liegt in der vierten, griechisch-lateinischen Kulturepoche (Abb. 13, I). In diesem Punkt geschah das Mysterium von Golgatha, das weiterhin auf allen Stufen der Evolution das Zentrum der Metamorphose bildet. Aber indem sich die Entwicklung in der Gesamtheit der sieben Kulturepochen von Epoche zu Epoche bewegt, werden, zusätzlich zur Umwandlung am Hauptknotenpunkt der Lemniskate der Wurzelrasse, in jeder neuen Epoche alle bereits verflossenen Epochen in das Zukünftige verwandelt (Abb. 13, II–V). Wenn wir diesen Prozess studieren, erschließt sich uns das Geheimnis der allgemeinen Metamorphose der Wurzelrasse in seiner Gesamtheit. Wir beobachten dann die Phänomenologie ihres Hauptgesetzes. Der Hauptknotenpunkt der Lemniskate bewegt sich von der vergangen Kulturepoche zur nächsten. Diese wird dann die Schlüsselepoche in der Gesamtheit aller sieben Epochen.

Deshalb entscheidet die erfolgreiche Erfüllung oder Nicht-Erfüllung der kultur-historischen und evolutionären Aufgaben der Kulturepoche über das Schicksal der ganzen weiteren

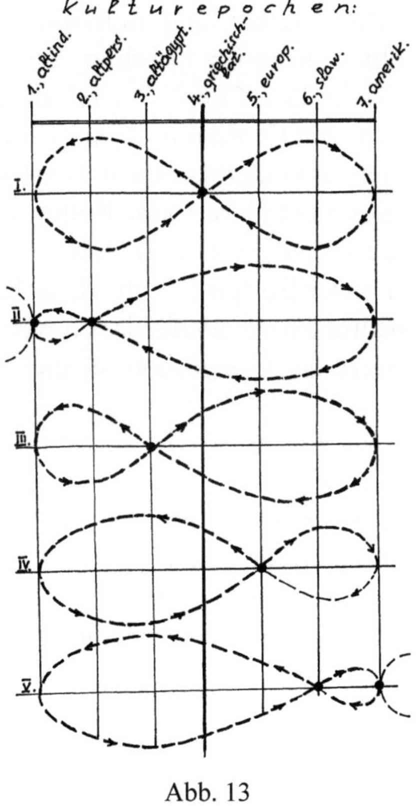

Abb. 13

Entwicklung der Welt und der Menschheit. Selbstverständlich kann der ganze Prozess der Evolution von keiner Macht völlig aufgehalten werden. Er ist dem Wasser vergleichbar, und wenn man in seinen Weg einen Stein legt, dann wird es einen anderen Weg finden. Nur was bedeutet dies für die Menschheit? – Darüber muss die Menschheit sehr ernsthaft nachdenken, um nicht für immer an diesem Stolperstein verhaftet zu bleiben. Die Zeit dafür wird ihr gegeben, jede Kulturepoche dauert etwas mehr als zweitausend Jahre; dies ist durch den Kosmos bedingt.

Unsere Wurzelrasse unterscheidet sich von allen vorhergehenden, indem in ihr die Evolution des Menschen den Charakter kulturhistorischer Prozesse angenommen hat. Dies bedeutet, daß die Menschen die Aufgaben ihrer Entwicklung in einem immer größeren Maße selber und individuell lösen müssen. Die Götter helfen hier nur in Entsprechung der Handlungen der Menschen selbst. Wenn ihre Taten gut sind, dann antworten die Hierarchien der normalen Evolution, wenn sie dunkel sind, dann – die Hierarchie der zurückgebliebenen Geister. Und wie darf denn ein Mensch dies nicht wissen, und hoffen, daß, egal wie die Dinge sich entfalten, ihm die Götter helfen werden? Auch wenn – wir wiederholen unser Beispiel – ein Mensch, der von einem fallenden Ziegel bedroht wird, nichts davon wissen will, werden die Götter die Gesetze der Gravitation für dieses Ereignis nicht außer Kraft setzen.

Wahrhaftig, es gibt für den Menschen nur eines: die Gesetze seiner eigenen Evolution zu erkennen, um ihnen bewusst und korrekt folgen zu können. Im Sinne der Lösung dieser Aufgabe wollen wir uns nun die Entwicklung der sieben Kulturepochen als ein Einwickeln und Auswickeln einer Doppelspirale vorstellen. Es ist nur eine andere Erscheinung, die metamorphosierte Form, der Lemniskate. Man kann es am Sternenhimmel erblicken. Das heißt, dort wirkt auch das Gesetz der Metamorphose.

Wenn wir auf einer Landkarte die Gegenden suchen, durch welche die vier vorangegangenen Kulturepochen gegangen sind, so finden wir, daß sie einen Schweif der Spirale bilden. Seine Einwickelung umfasst Europa, und hier formt sich der Mittelpunkt, der Knoten, in dem sich dieser einwickelnde Schweif metamorphosieren und zum auswickelnden Schweif werden soll (Abb. 14).

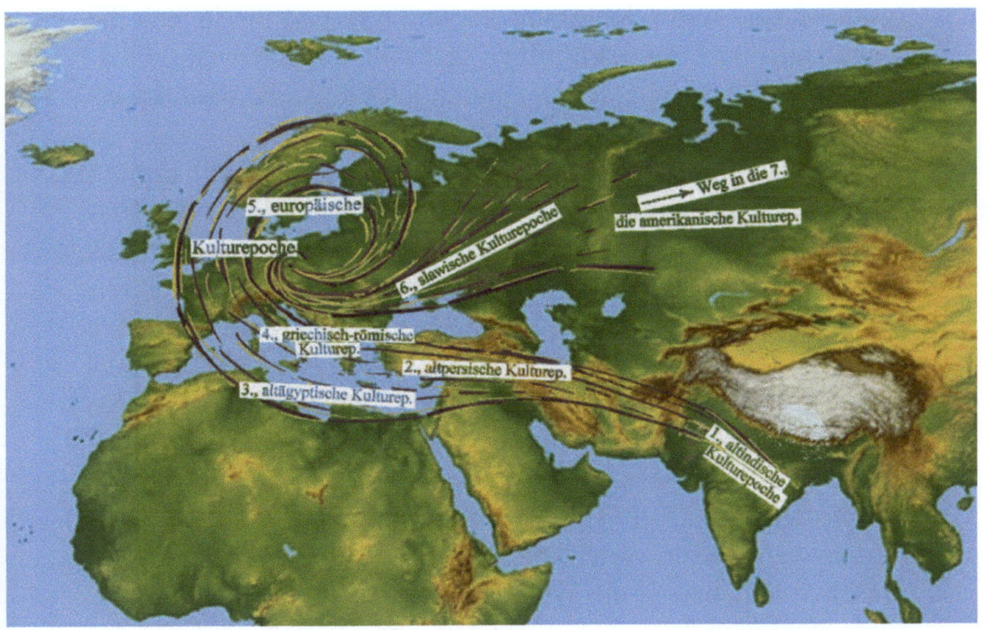

Abb. 14

Die Besonderheit der Gebiete des Überganges[7] von einem Schweif zum anderen ist, daß dies in ihnen mit einem großen *qualitativen* Sprung geschehen sollte. Hier wird das Alte sterben und in einer neuen Gestalt wiedergeboren werden. Oder nicht geboren werden, dann würde die Entwicklung aussetzen. Vor diesem Dilemma steht jetzt Europa und mit ihm die ganze

Menschheit. Dieses schicksalstragende Problem kann *niemand* für Europa lösen. Europa ist sozusagen das Zentrum des „Wirbelsturms" der Entwicklung, hier kommt der Kampf zusammen der Hauptwidersprüche, der Gegensätze, der Epoche. Europa muss eine solche Kultur entwickeln, ein solches geistiges Leben, das im Stande ist alle gewaltigen Entwicklungen der vergangenen vier Epochen (die mehr als achteinhalb tausend Jahre andauerten) in eine neue Kultur zu verwandeln, welche unsere gegenwärtige fünfte Kulturepoche umfasst, und die in sich die Samen ausbildet der zukünftigen sechsten, der slawisch-germanischen Kulturepoche. In der fünften Kulturepoche wird das eigentlich Neue unserer Wurzelrasse geboren.

Daß Europa für eine solche Aufgabe die Kraft besitzt, zeigen die Entwicklungen in der Vergangenheit, die in der Wissenschaft und Denkmethode Goethes, im Auftreten der Anthroposophie erschienen sind. Europa hat für die Lösung seiner gewaltigen Aufgabe gute Voraussetzungen geschaffen. Sie drücken sich aus im deutschen Idealismus, in dem Idealismus der deutschen Philosophie. Fichte, Hegel, Schelling hoben den menschlichen Geist bis an die Grenze der Anschauung und führten die Philosophie zur Berührung mit der Theo-Sophie. Die Rechte der individuellen Intelligenz hat früher die Hochscholastik usw. erfolgreich verteidigt. All dies erlaubte der anthroposophischen Weisheit in die Welt und Kultur einzugehen. In erster Linie steht Mitteleuropa vor der Aufgabe der Beherrschung der Geisteswissenschaft, um sie weiter zu entwickeln und mit ihrem Wissen alle Faktoren der modernen Kultur und Zivilisation zu befruchten.

In dieser Hinsicht hat Russland nach Mitteleuropa in die Lehre zu gehen, das ist natürlich, wenn Mitteleuropa den Goetheanismus und die Geisteswissenschaft lehrt. Nur auf diesem Wege wird Russland fähig die Samen seiner Zukunft aufzunehmen, die in der sechsten Kulturepoche sprossen werden.

Die Aufgabe der Erneuerung steht vor der ganzen Menschheit, und damit ist die Aufgabe Mitteleuropas eine weltgeschichtliche. Tief interessant hat Rainer Maria Rilke seine Gedanken darüber in einem Brief (an Lisa Heise am 2. Februar 1923) zum Ausdruck gebracht. „Für mich", so schreibt er, „… besteht kein Zweifel, daß es Deutschland ist, das, indem es sich nicht erkennt, *die Welt aufhält* (Hervorh. d. A.)." Hier lässt sich nur noch anfügen, daß die Welt Deutschland auf jede nur mögliche Weise daran zu hindern versucht.

Mitteleuropa sollte, ausgehend von seiner geistigen Vergangenheit, stehend auf der dort bereits erreichten Kultur des Denkens, hart an der Beherrschung der Methodologie der Geisteswissenschaft arbeiten, welche die praktische Entwicklung des lebendigen, anschauenden Denkens beinhaltet. Und man sollte sich erinnern, daß die Lösung dieser Aufgabe den Anfang der Artenmetamorphose der Menschheit setzt. Hier müssen wir bemerken, daß sich alle vergangenen Artenmetamorphosen des Menschen dank Gott und Natur vollzogen haben. *Diese neue Artenmetamorphose muss der Mensch zum ersten Mal selbst verwirklichen.* Das ist eine großartige Idee, die der Menschheit durch die Anthroposophie anvertraut ist. Diese Metamorphose geschieht in der Lemniskate des individuellen Geistes. Welchen Inhalt diese Lemniskate hat, haben wir mit den Abbildungen 4, 5 und 6 kurz angedeutet. (Eine ausführlichere Darstellung findet man in den methodologischen Werken des Autors.)*

Nämlich in dieser Lemniskate verwirklicht sich der Übergang vom individuellen Ich aus dem logisch-dialektischen zum ideell-wahrnehmenden, anschauenden Denken. Diese, sagen wir, erkenntnistheoretische Lemniskate ist wirklich der „Schlüssel" zum Reich der Himmel. Sie baut auch die Brücke von der europäischen, der angelsächsisch-germanischen Kulturepoche zur slawisch-germanischen Kulturepoche. Im „Märchen" Goethes von der Grünen Schlange und der Schönen Lilie verwandelt

* Eine Liste dieser Werke findet der Leser auf der letzten Seite des Buches.

sich gerade in eine solche Brücke die sich opfernde Schlange – ein Symbol der Weisheit und, sagen wir, des logischen Denkens (s. Abb. 16 weiter unten).

Europa muss sich wieder an die von ihm abdriftende kulturelle und geistige Vergangenheit erinnern, und diese nutzen, um die Gegenwart der Anthroposophie wahrhaft zu erlangen. Wer eine solche Gegenwart beherrscht, beherrscht die Zukunft. Das ist das richtige Verständnis des Prinzips der Entwicklung, das man dem Bestreben gewisser Kräfte, die Entwicklung zu unterbinden, entgegenstellen soll. Erarbeitet man nicht als erstes ein starkes logisches Denken, wird man das Denken nicht metamorphosieren können. Die Metamorphose bedeutet aber das Opfer gemäß dem Prinzip, das Goethe formuliert hat: „Stirb und werde".

Aber über Europa waltet heute die Parole „Unwissenheit – ist Macht". Sein geistiges Erbe wird pervertiert und zertrampelt von Homines Sapientes, die der Barbarei verfallen sind. Statt dem Wissen der Vergangenheit werden alle möglichen wilden, absurden Doktrinen aufgezwungen, zum Beispiel versucht man die Massen zu überzeugen, daß „Glücklichsein (oder besser Wohlstand) besser ist als Freiheit". Trotzdem, der Wohlstand wird auch immer kleiner.

Mit dem Verzerren und der Verschleierung der Kenntnisse der Vergangenheit versuchen die fünf Zentren der Weltmacht die Spirale der Kulturepochen zu verfälschen. Mitteleuropa wird mit Hilfe der Weltkriege, und heute der Subkultur (Popkultur) für die Massen, in den Boden gestampft. Sein Gesicht wird von Stiefeln zertreten – mal von dem eines Soldaten, mal von dem der Ideologie. Dies wird getan, damit der Pan-Amerikanismus die Spirale, d.h. das Hauptgesetz der Entwicklung, ungehindert einfach in eine Linie der Entwicklung verwandeln kann, damit also das Gesetz aufheben und diese Linie nach Westen lenken kann. Es wird dadurch die Metamorphose als Prinzip der Entwicklung verneint. Tatsächlich ist das ganze Leben in Europa (und der Welt) bestimmt von US-Standards, Stereotypen amerikanischer Popkultur, Nicht-Kultur, und sogar von der NATO.

Dann wird auf diese Weise versucht werden, nicht nur England, mit seinen Aufgaben des höheren Glieds der Seele – der Bewusstseinsseele, sondern ganz Europa, beginnend an den Grenzen zu Russland, mit den Vereinigten Staaten in einen Block zu vereinigen, und so Amerika statt Russland zum Nachfolger der gegenwärtigen Kulturepoche zu machen. Nur schon die bloße Absicht, dieses Ziel zu verfolgen, ist für alle äußerst schädigend, auch für die Vereinigten Staaten selbst, für Amerika als das Land in dem ein freiheitsliebendes, energisches junges Volk lebt, das auch eine große spirituelle Zukunft hat.

Mitteleuropa, Deutschland, sollte man vorsichtig behandeln. Ihm ist die Gunst Gottes zugewandt. Es gibt dafür überzeugende Beweise. Großbritannien, Frankreich, Russland haben Deutschland in den Weltkriegen zweimal besiegt, sie haben *gewonnen* – wir betonen es, aber in der Folge wurden sie zu *blassen Schatten ihrer selbst*. Deutschland kann aus einem Grund keinen Vorteil aus der Gunst Gottes ziehen: es beschäftigt sich nicht mit „Selbsterkenntnis“, es will keine geistige Kultur, das reine Denken, entwickeln, will sich den Goetheanismus, die Anthroposophie, nicht erarbeiten und will, selbstverständlich, nicht über die soziale Dreigliederung nachdenken. Im Jahre 1919 traf sich Rudolf Steiner mit Regierungsbeamten und versuchte sie sehr energisch zu überzeugen, die soziale Dreigliederung umzusetzen. Sie nickten mit ihren Köpfen, um dann untätig zu bleiben. Später sagte er, wenn die soziale Dreigliederung in Deutschland umgesetzt worden wäre, hätte Deutschland sich vor den Versailler Verträgen bewahrt – und damit auch vor dem Zweiten Weltkrieg und hätte gleichzeitig Russland vor den Gräueln des Bolschewismus gerettet. Faktisch haben alle diese politischen „Schrecken“, von denen wir sprachen, eine gemeinsame Eigenheit: sie platzen wie Seifenblasen beim *ersten Hauch des **wahren** Geistes*. Die einzige Garantie für ihre Existenz – ist die menschliche Dummheit und Bequemlichkeit. Diese scheinen unermesslich zu sein. Und darum droht die Gefahr, daß sich die Doppelspirale in eine Schleife verwandelt – eine Schlinge um den Nacken von Mitteleuropa und von ganz Europa, die sie erstickt (Abb. 15).

Wenn es so weitergeht, wird der Pan-Amerikanismus, der sogar den Pfad des okkulten Bolschewismus zu betreten beginnt, Europa wirklich erwürgen. In erster Linie würde es Mitteleuropa treffen. Mit seinen geistigen Aufgaben ist es unfähig in der Atmosphäre des modernen Amerikanismus zu atmen. Und man muss zugeben, der Gedanke des Bösen ist schlicht genial: man führe ganz Europa einfach in den Schoss des Amerikanismus.

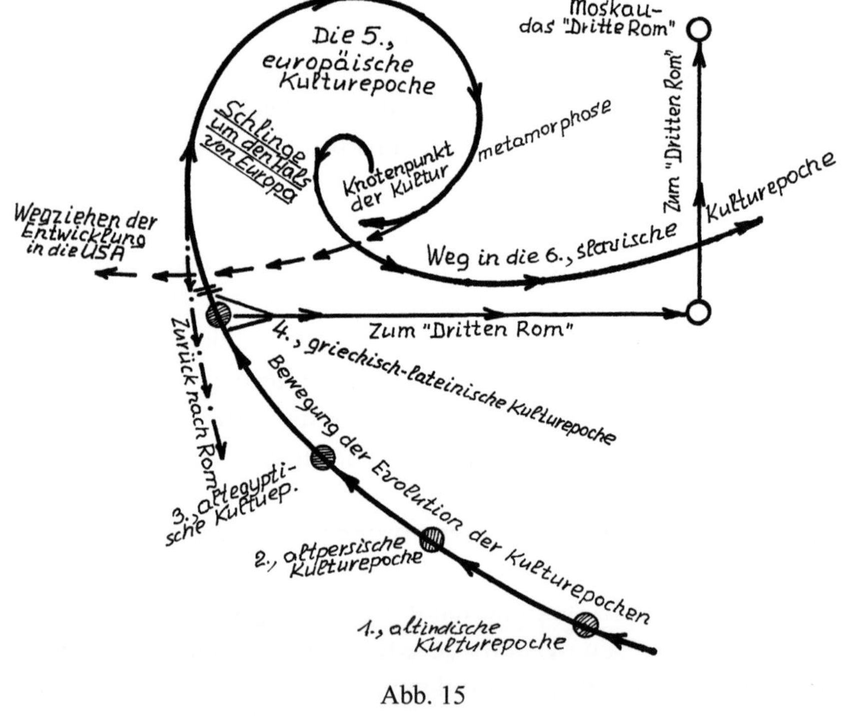

Abb. 15

Dann muss man nicht einmal das Gesetz der Spiralentwicklung verfälschen. Dieses wird einfach wegfallen, da ihm auf Erden der Träger genommen wird. Dieses Vorhaben erinnert an eine Kriminalgeschichte, wo die Räuber den Bankomaten nicht knacken können, und ihn darum einfach aus der Wand brechen und mitnehmen.

* * *

Auf der welthistorischen Aufgabe Mitteleuropas lastet der feindselige Blick der „Brüder des Schattens", wie auch der „Väter der Dunkelheit". Mitteleuropa ist ihnen in dem Sinne in die Quere gekommen, daß es sie hindert, den Fortschritt der Evolution der Welt und des Menschen abhängig zu machen von ihren privaten, egoistischen Bestrebungen. Zusätzlich wirkt sich die Stellung in der Mitte zwischen Ost und West dramatisch auf die Existenz Mitteleuropas aus. West- und Osteuropa (Russland), statt sich darum zu kümmern, ihm zu helfen, seine geistigen Aufgaben zu bewältigen, versuchen es zu zerquetschen. Und keine Beschwörungen von „für immer kriegerischen Teutonen" können die Erkenntnis der wahren Sachverhalte verschleiern. Die Lüge, egal wie lange sie genährt wird, stirbt früher oder später. Es wäre besser, sie würde früher sterben, dann würde der Raum für die Erkenntnis der Wahrheit frei werden. Aber diese Erkenntnis ist extrem schwierig. Rudolf Steiner sagt, daß die seelische Verfassung des Ostens vornehmlich luziferisiert ist und die des Westens – ahrimanisiert. Die Seelen im Westen „wollen nicht in der Weise von den Leibern Besitz ergreifen, daß sie durch diese Leiber mit offenen Sinnen hinausblicken in die Welt, sondern sie versenken sich so in diese Leiber, daß sie diese Leiber selber nicht in vollem Sinne umfassen, durchgeistigen. Sie leben in den Leibern, aber sie durchdringen sie nicht vollständig." Als Resultat wollen sie sich nicht dem Geistigen hinter der sinnlichen Realität öffnen. „Durch diese Verhältnisse, so kann man sagen, ist es so, daß tatsächlich manche Leiber westlicher Menschen so beschaffen sind, daß die Seelen in ihnen, wenn die Leiber heranwachsen, gar nicht voll zur Geltung kommen." Und aus diesem Grunde werden sie zu „Gehäuse[n] ... für ganz andere Wesenheiten, die dann in sie einziehen, Wesenheiten, welche dasjenige geradezu verschlafen, was in den Eigentümlichkeiten der Menschenseele selber liegt." Vom Osten her verbreitet sich die Stimmung, daß man Menschen in der Gefühlsweise, Empfindungsweise der alten Zeiten halten sollte; dies hindert die Menschen, genug tief in das Irdische herunter zu steigen. Im Westen versucht man den gegenwärtigen Zustand der Menschheit mit seiner materialistischen Gesinnung zu konservieren. „Von beiden Seiten ist eigentlich das Bestreben vorhanden, den Menschen nicht kommen zu lassen zum vollen Erfassen der Gegenwart. Und eine ungeheure Furcht, die sich unbewußt der Menschheit bemächtigt, unterstützt das noch."

„Das sind die beiden Extreme [ahrimanischer Materialismus und luziferische Mystik], die sich eigentlich, vielleicht über eine furchtbare Feindschaft hinweg, die durch die äußeren Verhältnisse und den inneren Gegensatz bewirkt ist, die Hand reichen möchten von beiden Seiten her. Und weil diese Strömungen vorhanden sind, und weil das der Fall ist, geht es, wollte man es trivial ausdrücken – es ist aber wahrhaftig nicht trivial, sondern tragisch gemeint –, den Menschen der mitteleuropäischen Gegenden gerade geistig so schlecht."

„In diesem Mitteleuropa hat sich vorbereitet die höhere Synthese, der Zusammenklang, die höhere Harmonie dieser zwei Extreme, aus welcher Harmonie, aus welchem Zusammenklang allein ein Fortschritt für die Menschheit ersprießen kann. Denn hier in Mitteleuropa haben gegipfelt geistige Strömungen, die aus wirklich bedeutsamen Untergründen hervorgegangen sind..., zunächst, als eine intellektualistische Spiritualität im deutschen Idealismus erschienen ist, in solchen Weltanschauungen wie sie Fichte, Schelling, Hegel hatten, wovon diejenige Schellings sogar an ihrem Ende nahe daran war, herauszugebären nach und nach dasjenige, was hätte einlaufen können in eine wirkliche anthroposophische Geisteswissenschaft, für die nur die Zeit dazumal noch nicht reif war."

„Aber es erscheint einem ja so, als ob sich alle Welt verschworen hätte, dasjenige, was da im Anzuge war, nur ja nicht irgendwie zu einer Entfaltung kommen zu lassen. Ich möchte sagen: Vom Orient und Okzident aus sind Luzifer und Ahriman verschworen, daß diese Synthese nicht gedeihen kann." (GA 203, S. 54-57, 9.1.1921)

Der Ernst der Lage in Europa wird durch die Tatsache verschärft, daß man „die Schlinge" der Evolution auch vom Süden her, aus der luziferischen Vergangenheit, festzuziehen versucht. Im Geiste solcher Intentionen handelt die Lobby der „Väter des Dunkelheit" in allen Institutionen Europas.

Man versucht auch den alten, aus der Vergangenheit kommenden Schweif der Doppelspirale, selbstverständlich ohne über seine Metamorphose nachzudenken, nach Osten zu ziehen. Als Erste begannen dies, noch bevor der Pan-Amerikanismus geboren war, die Apologeten der Erschaffung des „dritten Rom" in Russland zu tun. Im 20. Jahrhundert schlossen sich ihnen die Bolschewiken an. Sie alle sind überhaupt nicht an der gesunden, das ist der fortschreitenden Entwicklung der russischen Kultur interessiert. Sie wollen die Lehrer Mitteleuropas sein und von ganz Europa, und sogar der gesamten Welt. Bis heute beklagen sich die alten Bolschewiken bitterlich, daß ihre Panzer nicht mehr in Weimar stehen. In den letzten Jahrzehnten ist der russische Bolschewismus etwas stiller geworden, aber er ist nicht gestorben, denn mit politischen Mitteln sind die Zentren der ahrimanischen Einweihung nicht zu bewältigen. Die Idee des „dritten Roms" aber gewinnt wieder an Stärke. Was einer ihrer Apologeten schrieb, gibt uns einen Eindruck, wie diese Idee heute zum Ausdruck gebracht wird: „Die Ewigkeit von Russland besteht auf der einen Seite in dem, daß es die Mission erbt des ‚ewigen Rom'... auf der anderen Seite muss die ‚Ewigkeit' Russlands durch seine historische Existenz bestätigt werden ... Russland als fünftes und letztes, ewiges Reich, als das dritte Rom zusammen mit dem Erbe von Byzanz, in einer mystischen und kulturellen Weise erbt es alles, was Byzanz selbst geerbt hat." (M. M. Maler, „Die geistige Mission des dritten Roms", Moskau 2005, S. 136-137)

So drückt sich, auf den ersten Blick auf eine ungewöhnliche Art, die dogmatische Politologie aus. Aber wenn man das Dogma „aus Granit" okkult, esoterisch betrachtet, ist es eigentlich die Intention des Ostens, das Gesetz der spiralförmigen Metamorphose zu unterbinden, die sich da ausspricht. Von dieser Seite her will man die letzten tausend Jahre der europäischen Kulturentwicklung einfach aufheben, wegschaffen, ungeschehen machen (wir wissen nicht genau, wie wir es ausdrücken sollen), weil sie nicht im Sinne des byzantinischen geistigen Impulses verflossen sind. (Das gleicht der Methode der Veränderung der Vergangenheit im Roman von Orwell.) In Russland wird die Vorbereitung zu einer solchen radikalen Revision der Vergangenheit schon seit einer langen Zeit durchgeführt. Dabei hilft die Mentalität der russischen Intellektuellen, die schon seit Jahrhunderten die Kultur des Westens als leer, sündenhaft, abstrakt, selbstbezogen kritisiert haben. Und in diesem Fall kann einfach wie eine Rettung die Idee erscheinen, als Ausgangspunkt für die Korrektur des Weges der fünften Kulturepoche die vierte, griechisch-lateinische zu nehmen. In dieser Epoche wurde der Weg von Rom nach Byzanz gebahnt. Aus Byzanz kam das Christentum nach Russland. Zuerst kam es in den Kiewer Rus, und verbreitete sich dann nach Norden – nach Nowgorod und in das Moskauer Reich. Dieses muss ja das „ewige" werden. Und wirklich, wohin schon soll das Christentum von Moskau aus weitergehen?!

Deshalb wird das byzantinische Christentum zur letzten und höchsten Form des Christentums erklärt, und sein einziger, von Gottes Willen gutgeheißener Bevollmächtigte, sein Repräsentant von Gottes Gnaden, ist Russland. Eine lange Zeit konnte man es weder im Osten noch im Westen richtig verstehen. Aber nun, schlussendlich im 21. Jahrhundert scheint der Moment nahegekommen zu sein, wo das „ewige Reich" Russland aufgerichtet werden kann. Wie soll das geschehen? – Hier müssen wir zurückgehen in die Epoche des „dritten Rom", als im 9. Jahrhundert unter der Regierung des Fürsten Vladimir alle Einwohner von Kiew durch Priester aus Byzanz im Fluss Dnjepr getauft wurden. (Ob sie dies selbst wollten – das fragte natürlich niemand.) Und heute soll auch von Kiew aus der Prozess der Wiederbelebung des „wahren" orthodoxen Glaubens beginnen. Ein hellsichtiger Vater von Athos hat bereits eine Prophezeiung ausgesprochen, daß die Auferstehung des christlichen Russlands von Kiew ausgehen wird.

Offenbar im Lichte von alldem sollte man die gegenwärtigen Ereignisse in der Ukraine betrachten. Wenn „die ‚Ewigkeit' Russlands durch seine historische Existenz bestätigt werden soll", dann muss, um es modern auszudrücken, es wiederum eine Großmacht werden. Man versucht nun Stalin zum Symbol einer solchen „Großmacht" zu machen. Deshalb wurde der Anschluss der Krim von einer Widerbelebung des Stalinismus begleitet. Derselbe Vorgang geschieht im Donbass, und wir wagen zu denken, daß er schon in der ganzen Ukraine vorbereitet wird. Denken wir nach: Welcher Gegner wäre für die Rehabilitierung des Stalinismus besonders wünschenswert? – Natürlich, der Faschismus. So wird darum Widerstand gegen die „Hegemonie" Moskaus in Gestalt von „faschistischen" Nationalisten arrangiert. Die anrüchige Regierung in Kiew (s. Foto) profaniert den Gedanken der Unabhängigkeit dermaßen, daß ihre westlichen

Unterstützer nicht mehr länger wissen wie sie ihre Fabeln vom „wahren Humanismus", Liberalismus, Menschenrechten, Anti-Faschismus usw. aufrechterhalten können.

„Gourmands" der neuen Demokratie

Ukrainischer Präsident
Poroschenko

Ministerpräsident der Ukraine,
Scientologe Jazenjuk

Bürgermeister von Odessa
Saakaschwili

In Russland, vor allem in Moskau, geschieht eine „schleichende" Rehabilitierung und Verherrlichung Stalins. Er wird zunehmend in eine enge Verbindung mit der Kirche gebracht. Und es wird schon sichtbar, wie in diesem Falle das zukünftige Bild von Russland aussehen würde (s. „Ikonen"). Diese Symbiose des Stalinismus mit der orthodoxen Kirche soll die künftige Ideologie Eurasiens werden, die Ideologie der „Auslöschung der Persönlichkeit". Es wird dieses Mal beabsichtigt, sie nicht mit

Gewalt einzuführen, sondern in Verbindung mit der Liebe zu Gott.

Zwar ist dies eine Täuschung, aber es ist ein grandioser Plan. Okkult ist er verwurzelt im Herzen des Reichs von Luzifer. Das ist auch gemeint auf der Karte, die „The Economist“ zu Beginn der Perestroika veröffentlicht hat. Auf dem Territorium des zukünftigen Eurasiens ist der Kopf des Patriarchen gestellt,

Gotteslästernde Ikonen des zukünftigen Russlands

als Symbol der dort herrschenden Macht. Nur wird es kein traditioneller Patriarch sein, sondern eine cäsarischer Priester des „ewigen Reichs“. (Dazu raten wir dem Leser genauer die angeführten „Ikonen“ zu betrachten.)

Ein Bild solcher Art entsteht also, wenn man die Phänomenologie des sozialen und politischen Lebens der letzten

25 Jahre symptomatologisch betrachtet. Wenn dieses Bild zur Verwirklichung kommt, so wird doch das reale Leben sicher manche Korrekturen in es hineintragen. Hoffen wir, daß diese Korrekturen die Dinge wesentlich zum Besseren wenden.

* * *

So sieht der wahre Kampf um die Evolution der Welt aus. In ihm kommt es den Kräften des Guten zu, international darauf zu beharren, daß die Entwicklung im Weiteren gemäß den wahren Gesetzen der Evolution geschehen kann. **Dies sollte allen Projekten entgegengestellt werden, welche die Entwicklung im Interesse der zurückgebliebenen Geister verdrehen.**

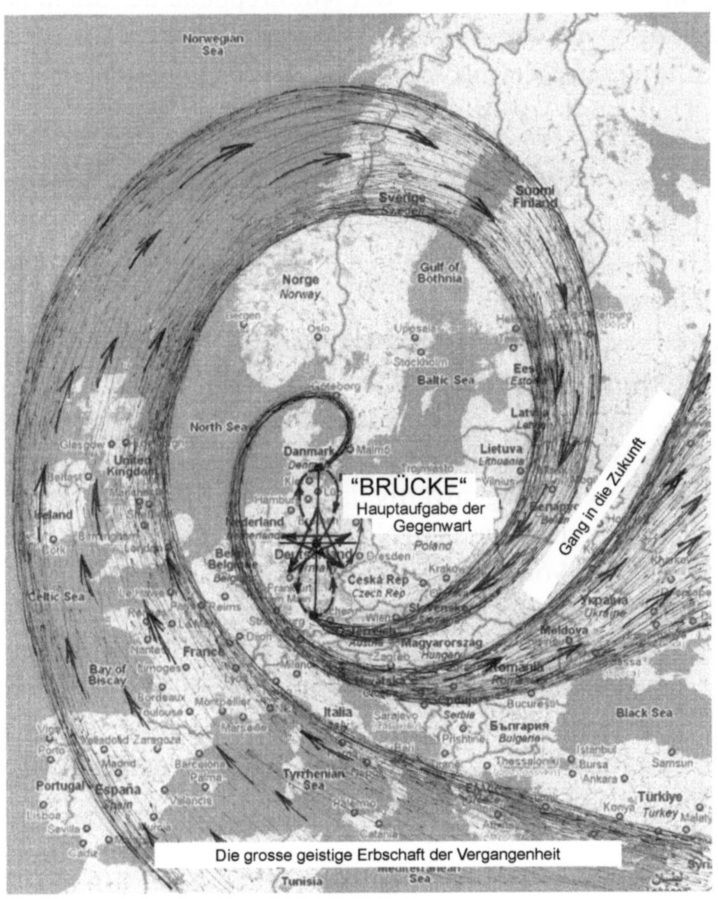

Abb. 16

Die Bedeutung dieser Aufgabe kann man unmöglich überschätzen. Wir werden das besonders gut verstehen, wenn wir beachten, daß in dem Knotenpunkt der Lemniskate, wo der qualitative Übergang von den früheren vier Kulturepochen zu den zukünftigen, der sechsten und siebten, geschieht (s. Abb. 14 und 16), daß dort ein Übergang geschieht von einem *viel größeren Maßstabe*. Im Vortrag vom 4. November 1905 spricht Rudolf Steiner über diese Doppelspirale, die das Gesetz der Entwicklung während dreier Wurzelrassen ausdrückt. Innerhalb der Grenzen dieser Zeitspanne ist faktisch das Schicksal der Menschheit des ganzen Erdäons eingeschlossen. Der erste Schweif dieser Doppelspirale beginnt in der fünften Kulturepoche der atlantischen Wurzelrasse, und der zweite Schweif erstreckt sich bis zur vierten Kulturepoche der nächsten Wurzelrasse, die unserer folgen wird. Dort wird schon die Vergeistigung der Stofflichkeit der Erde beginnen.

Die fünfte Kulturepoche der atlantischen Entwicklungsperiode heißt die Ursemitische, ihr – so Rudolf Steiner – „verdanken wir alles, was bis jetzt war. Aber jetzt beginnt ein neuer Einschlag mit den slawischen Völkern, der in die Zukunft hineingeht. Es wird von einem Volke zugleich mit einem gewissen Bruch mit der Vergangenheit ein neuer Einschlag in die Welt gebracht. Das arbeitet sich als verborgene Spiritualität aus dem russischen Bauern heraus. Das bildet den zweiten Teil des kommenden Wirbels. Gegenwärtig ist eine gewisse Kultur in der Zersetzung begriffen und ein Neues bereitet sich vor. Im Westen bereitet es sich vor und im Osten wird es sich ausleben. Aber das Alte muß das Neue anregen. Überall, wo wir neue Ansätze haben in unserer Zeit, da ist alles keimhaft, klobig, ungeschickt. Das Alte dagegen ist ausziseliert, hat aber den Charakter der Kritik, der Zersetzung. Aus dem semitischen Zweige werden die Träger der alten Kultur geboren, die die Träger dessen sind, was sich in den Wirbel hineinwirbelt.

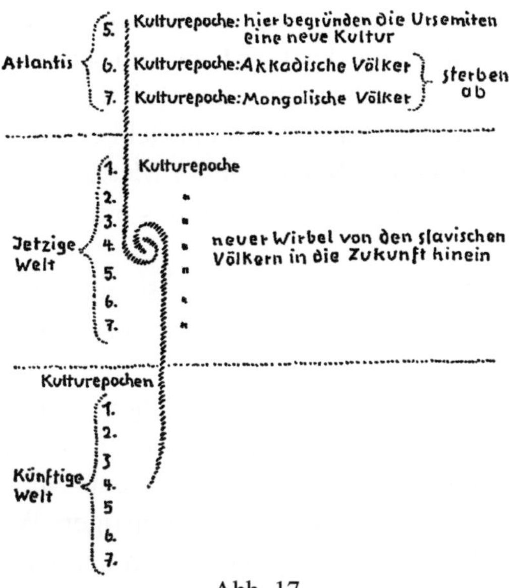

Abb. 17

Sie haben alle etwas Semitisches an sich. Beispiele: Lassalle, Marx. Das wirbelt sich nun hinein. Eine Fortsetzung von da ist nicht möglich. Es muß nun ein Sprung gemacht werden, wie von einem Ufer zum anderen, zur Spiritualität der künftigen Kultur des Ostens. Das ist ein völlig neuer Ansatz.“ (GA 93a, S. 248-250, 4.11.1905)

Wie aus der Abbildung 17 folgt, hat der weltweite Übergang des Vergangenen in das Zukünftige seinen Knotenpunkt in der vierten Kulturepoche der „jetzigen Welt“, wo das Mysterium von Golgatha geschehen ist. Und dies ist selbstverständlich. Nur ist es wichtig dabei zu beachten, daß die Metamorphose der Kulturepochen, die in unserer Zeit geschieht, in der Wirkung jener Metamorphose, der Grundmetamorphose, wurzelt und ihre Wirkung fortsetzt, aber bereits in Verhältnissen, wo einer solchen natürlichen Entwicklung sich schwer überwindbare Hindernisse in den Weg stellen, die das Ziel haben nicht einfach nur die geistig-kulturelle Mission des gegenwärtigen Europas zu hintertreiben oder zu vereiteln, sondern die ganze Mission der Erde (dies folgt eindeutig aus dem Zitat von Rudolf Steiner).

Wer nicht mit der Geisteswissenschaft Rudolf Steiners bekannt ist, für den ist es sehr schwer sich dessen klar zu werden und alles dies zu verstehen. Hauptsächlich schwierig ist es zu verstehen, warum das Schicksal der Menschheit doch abhängig ist von dem, was im Bewusstsein des einzelnen Menschen geschieht.

Der modernen Zivilisation ist ein großer innerer Widerspruch eigen. Er ist wissenschaftlich, religiös, politisch und sogar evolutionär. Das umgekippte Pentagramm und die erkenntnistheoretische Lemniskate bringen sein Wesen und seine Bedeutung zum Ausdruck. Es ist leicht verständlich, daß es für viele eigenartig erscheinen mag, wenn wir sagen, daß man diese Lemniskate als Symbol der geistigen Wiedergeburt der Menschheit betrachten kann. Gibt es in der Welt tatsächlich etwas Abstrakteres als – die Erkenntnistheorie? Aber dies ist ein althergebrachtes Missverständnis. Wir müssen uns nur fragen: gibt es irgendetwas, das für den Menschen wichtiger ist als sein Bewusstsein? Durch die Geisteswissenschaft kann die Erkenntnistheorie als *die primäre praktische Wissenschaft* verstanden werden, weil es in ihr darum geht, wie das Hauptproblem der modernen Evolution gelöst werden kann: die Metamorphose *der Form* des Bewusstseins, der Aufstieg vom reflektierenden zum anschauenden Denken. In Europa besteht diese Aufgabe seit zweihundert Jahren. Aufgestellt und *verwirklicht* wurde sie von Goethe. So ist es nicht an der Zeit, darüber im ganzen aufgeklärten Europa nachzudenken?

Die Erkenntnistheorie kann allgemein verständlich vorgebracht werden. Sie umfasst: a) die Geschichte der Entwicklung der menschlichen Erkenntnis, b) die Erforschung der Grenzen der Erkenntnis und c) die Genesis des individuellen Bewusstseins. In der Geschichte der Philosophie wird das letzte Element radikal abgelehnt. Die Geisteswissenschaft aber besteht in erster

Linie darauf, weil es die Erkenntnistheorie aus der Sackgasse bringt. Damit werden alle Elemente der Erkenntnistheorie ohne Weiteres dem Verständnis des modernen Europäers zugänglich. Und er sollte verstehen – wenn in ihm zumindest der Rest eines echten Gefühls für die wahre Würde des Menschen überlebt hat – daß sich ihm hier das Hauptschlachtfeld eröffnet des Zusammenstoßes der Weltenkräfte, in erster Linie übersinnlicher Kräfte, die um das Schicksal der Welt und des Menschen ringen. Wenn dieses nicht genug Menschen verstehen und weiter leben werden wie bisher, wird der Impuls der Kulturentwicklung von Europa nach Amerika gezogen werden. Aber sollte Europa, in der Sprache der griechischen Mythologie ausgedrückt, noch einmal „entführt" werden, würde der Mensch im Materialismus, im Ahrimanismus verhaftet bleiben und in die Unternatur versinken. Wenn aber der Impuls der Entwicklung in den Osten, nach Asien, überbracht werden sollte, würde sich das menschliche Ich verflüchtigen, zwar in spirituellen, aber luziferischen Fantasien, in übersinnlichen Visionen, und würde so unreif von der Erde weggehen.

Die Kultur des Ostens – ist die Vergangenheit der Welt. Es ist notwendig sie mit der neuen Spiritualität Europas zu befruchten. Die amerikanische Kultur – ist die siebente in der Reihe der sieben Kulturepochen. Sie braucht die Geduld, um reif zu werden. Sie wird von Westen auf den amerikanischen Kontinent kommen, nicht von Osten, d.h. nicht von Europa.

Die Zeit von Russland liegt auch in der Zukunft. Dort werden die Gemeinschaften des Geistselbst, des Namen Gottes, des Heiligen Geistes erblühen, in denen die Weisheit sich mit der Liebe und der wahren Brüderlichkeit vereinigen wird in den Bedingungen der Herrschaft der Gerechtigkeit. Dies anzubahnen ist heute nur möglich mit der Umsetzung der sozialen Dreigliederung.

—

So, wir betonen es einmal mehr, herrscht in der Welt ein gewaltiger Kampf um die Evolution der Menschheit. Eines seiner möglichen Ergebnisse – das fatale – ist auf der obenstehenden Karte aus „The Economist“ gezeigt. Das andere haben wir versucht mit den Abbildungen 14 und 15 zu charakterisieren. In diesem stammen alle Intentionen der Entwicklung aus der Erkenntnis ihrer Gesetze, der Gesetze der Evolution, wie auch deren des kultur-historischen Prozesses, und sie sind gerichtet auf die Spiritualisierung, die Wiederbelebung der absteigenden Zivilisation.

Was die erste dieser beiden Alternativen betrifft, so weiß der Kern des okkult-politischen Systems, das diese Alternative vorantreiben will, auch von den Entwicklungsgesetzen, welche die Geisteswissenschaft lehrt, und wählt doch ganz bewusst zum Führer Ahriman statt Christus. Denn dem ersteren ist es gelungen, die Menschen dort zu überzeugen (dies berichtet uns auch Rudolf Steiner), daß er als „Gott“ effizienter und stärker ist als Christus. Und er hat dies getan, indem er die ganze gewaltige, bisher abgelaufene Evolution der Welt zu seinen Gunsten uminterpretiert hat. (Wie dies auch Luzifer tut.) Dabei sind diejenigen, die auf ihn hören, nicht so oberflächlich und faul wie die breite Masse der modernen Esoteriker verschiedenster Couleur. In jenen Kreisen vertieft man sich gründlich in die Gesetze der Entwicklung, aber nur um sie im Sinne der Absichten Ahrimans zu gebrauchen, dabei fest glaubend, daß nicht sie, sondern die andere Seite, die Christus-Nachfolger, die Gesetze verzerren.

Eine Schlüsselrolle in der Konfrontation der beiden Systeme spielt Europa – die Avantgarde der kulturellen und historischen Entwicklung der Menschheit; und in ihm ist Mitteleuropa in einer einzigartigen Position. All seine Entwicklung in der Vergangenheit führte es dazu, das Zentrum der Ich-Kultur der Gegenwart zu werden. Überzeugend hat sich das ausgedrückt in seiner Kunst, Wissenschaft und Philosophie. Darum entstand hier die goetheanistische Wissenschaft der Metamorphose aller Formen, bis zur Form des Denkens, die den Menschen zur Erlangung des höheren Ich führt. Und darum kam hier auch die Anthroposophie – eine kräftige Hand den Menschen in ihrer Not vom Himmel zugestreckt. Aber seine welthistorische Aufgabe wird Mitteleuropa nur lösen können, wenn ganz Europa auf diesem Weg mitgeht. Um dies zu tun, müssen die Europäer verstehen, daß ihre moderne Inkarnation auf dem Boden stattfindet, der alle Früchte der ganzen historischen, kulturellen, geistigen und individuellen Entwicklung aufgenommen hat, d.h. des Prozesses von fast 10‘000 Jahren – vom Anfang der alt-indischen Kulturepoche. Nach der indischen kamen die ur-persische, die alt-ägyptische, die griechisch-lateinische und schließlich kam der Kultur-Impuls nach Europa. Auf allen seinen Etappen war der Prozess der kultur-historischen Entwicklung von den Wirkungen der Wesenheiten der göttlichen Hierarchien begleitet. Und heute sind Ihre Kräfte, welche die Entwicklung antreiben, vor allem auf Europa fokussiert, auf ganz Europa. Denn nur Europa ist fähig – weil es jetzt an der Reihe ist, den Ton der ganzen Kulturentwicklung der Menschheit anzugeben – diese Kräfte wahrzunehmen, in sich aufzunehmen, zu verarbeiten und sie auf der ganzen Welt zu verbreiten. **Das ist ein Axiom**. Und es wird noch etwa anderthalbtausend Jahre gültig sein.

Die USA, China, Islamistan, der Sowjetismus können so viel sie wollen von ihrer Selbstgenügsamkeit eingenommen sein, können an die Weltherrschaft, an die Errichtung einer neuen Weltordnung usw. denken – von dem anderen, höchsten übersinnlichen Standpunkt, sieht – wie wir gezeigt haben – alles anders aus.

Europa ist eine souveräne geistige Einheit, die eine Vielfalt kultureller Aufgaben in sich schließt, die für die Zukunft der menschlichen Evolution gelöst werden müssen. Kein Teil Europas darf davon abgelenkt werden. Und wenn heute England, unfähig seine ehemalige dominante Stellung zu vergessen, die vergangen ist und die nie wiederkommen wird, sich gegenüber allen europäischen Angelegenheiten hochmütig zeigt, und sich von ihnen entfremdet, dann muss es verstehen, daß es verbleibend in „splendid isolation“ Gefahr läuft, sich einfach aufzulösen im – und es löst sich darin schon auf – Pan-Anglo-Amerikanismus, d.h. seine kulturelle *Mission* schlicht zu verlieren. Was gibt es Schlimmeres für ein Land und sein Volk?

Wenn Europa seine Rechte auf die souveräne Existenz nicht verteidigt, wenn es seine geistige Kultur nicht wiederbelebt, werden alle darunter zu leiden haben, sogar die Erde selbst. Sie würde den Sinn ihrer Existenz im Universum verlieren. So ernst ist der gegenwärtige Moment der Entwicklung.

Russland (das ist: der östliche Teil Europas) soll in erster Linie – von Mitteleuropa die Geisteswissenschaft lernen und mit ihr alle seine Lebenssphären zu durchdringen. So wird es seine wahre heutige Aufgabe im Bestand der ganzen Menschheit lösen.

Weder Deutschland noch Russland sind vorherbestimmt in irgendeiner Form auf materieller Grundlage die Welt zu beherrschen. Ihre Macht liegt – nur im Geiste. Es ist ihnen gegeben seine Gipfel zu erklimmen. Deshalb machen die Widersachermächte sie zu Feinden und stürzen sie in brutale Kriege. Damit dies nicht in der Zukunft geschieht, ist es für Deutschland und Russland unbedingt nötig, die Struktur des Einheitsstaates im Sinne der sozialen Dreigliederung zu differenzieren. In ihr wird die Hegemonie des Staates überwunden, aber nicht durch seine Zerstörung, sondern durch die Verminderung seiner Rolle um zwei Drittel, wenn neben ihm erstehen werden sozusagen eine unabhängige „Duma“ des freien Geisteslebens und eine unabhängige „Duma“ des souveränen Wirtschaftslebens („Duma“ ist das Wort für Parlament im Russischen – Anm. d. Übersetzers), aber nicht als gesetzgebende, sondern als Beratungs- und Koordinierungsorgane, als Orte der Menschenbegegnung für den freien Ideen- und Erfahrungsaustausch, für das Suchen nach effektiven Problemlösungen, nach neuen Entwicklungswegen usw. (Übrigens sind das Wort „Duma“ und das deutsche Wort „Dom“ von gleichem Ursprung.)

Die soziale Dreigliederung ist – ein sozialistisches System. Es löst ganz objektiv das vorhandene System des kapitalistisch-wirtschaftlichen Imperialismus mit seiner Herrschaft der Geheimgesellschaften ab.

„Das, was als Sozialismus heraufsteigt“, sagt Rudolf Steiner, „... [ist] eine in der Menschennatur ganz allgemein begründete, immer weiter und weiter greifende Erscheinung in der Menschheit ... Die heutigen Reaktionen, die dagegen stattfinden, sind für den, der die Dinge durchschaut, einfach furchtbar.“ Trotz all dem Chaotischen, das sich heute im Sozialismus, in diesem „internationalen Element“ auf der ganzen Erde manifestiert, ist es klar, daß „dieses internationale Element, daß das dasjenige ist, was zukunftsträchtig ist, und daß das, was jetzt auftritt, die Konstituierung von allen möglichen National-, Natiönchen-Staaten, dasjenige ist, was der Menschheitsevolution entgegenarbeitet. Es ist ein furchtbares Entgegenstemmen gegen den Sinn der Entwickelung des fünften nachatlantischen Zeitraums, was in den Worten liegt: Jeder einzelnen Nation einen Staat.“ (GA 185, S. 221-222, 3.11.1918)

Diese letztere These vertrat der amerikanische Präsident Woodrow Wilson. Seitdem marschiert sie „siegreich“ durch die ganze Welt. Sie hat die zahlreichen lokalen Kriege der Neuzeit hervorgebracht, begleitet von wilden Ausbrüchen des Nationalismus. Dank ihm wird der Sozialismus unweigerlich national, statt ein freies geistiges Leben zu verwirklichen. Aber aus alle dem ist es immer noch möglich zum Licht zu kommen. Wenn nur der Wille besteht zur Erkenntnis.

April 2015

Die methodologischen Werke von G. A. Bondarew

Der dreieinige Mensch des Leibes, der Seele und des Geistes im Lichte der Anthroposophie

Band I - IV

Die charakteristischen Züge der Zivilisationskrise / Evolutionismus und die Logik des imaginativen Denkens / Das "ich" auf dem Weg zum freien Wollen.

Das zwölfgliedrige System der Sinneswahrnehmungen / Die Lemniskate des Sinnensystems / Das Mysterium der Menschwerdung Christi / Drei Wege ins Übersinnliche.

Makrokosmos und Mikrokosmos und der sieben-gliedrige Zyklus der Jahresfeste / Der Raum und der vier-gliedrige Mensch / Das übersinnliche Phänomen der Zeit.

Psychosophie: Drei Leiber und drei Seelen / Christus und die menschliche Seele / Die Dialektik des Seelenlebens / Liebe und Weisheit / Praktische Schluss-betrachtung: Die sieben Stufen der Grundstein-meditation.

Erhältlich beim Lochmann Verlag, info@lochmann-verlag.com, www.lochmann-verlag.com

Die "Philosophie der Freiheit" von Rudolf Steiner als Grundlage der Logik des anschauenden Denkens

In diesem Buch wird der Versuch unternommen, eine systematische Beschreibung der Methodologie, welche der Anthroposophie zugrunde liegt und zugleich ihren Wesenskern bildet, zu geben. Diese Methodologie zeigt, auf welche Weise der moderne, in Begriffen denkende Mensch den Charakter seines Denkens – und folglich auch seines Bewusstseins – qualitativ verändern kann, indem er von der Reflexion zum wahrnehmenden Denken aufsteigt und mit Hilfe der anschauenden Urteilskraft die Ideen unmittelbar in den Objekten wahrnehmen kann, wie Goethe dies zu tun imstande war. Am besten und zugleich am einfachsten sind sowohl Theorie als auch Praxis dieser Methodologie von Rudolf Steiner in seiner „Philosophie der Freiheit“ gegeben. Deshalb wird im vorliegenden Buch eine vollständige Strukturanalyse dieses Werkes, in welchem Rudolf Steiner die Grundlagen seiner Erkenntnistheorie darlegt, entwickelt.

Als Buch zu bestellen oder als freier Download erhältlich auf www.methodosophia.org

Makrokosmos und Mikrokosmos

Band I: Der Monotheismus der Religion des dreieinigen Gottes

Einführung: Bewusstsein und Zivilisation; Teil 1: Die Uroffenbarung und die zwei Aspekte des einigen Gottes. Teil 2: Die Erschaffung der Strutkur der Welt. Teil 3;: Das Tragen des Strukturkreuzes der Evolution. Teil 4: Selbstentwicklung des Menschen. Teil 5: Die Verkörperung der Weltenstruktur im Menschen. Teil 6: Der Herrscher des Alls und die Struktur des Weltgebäudes. Teil 7: Die Struktur des Weltgebäudes und die soziale Struktur.

Als Buch zu bestellen oder als freier Download erhältlich auf www.methodosophia.org

Die Weihnachtstagung in geänderter Zeitlage

Auf der Grundlage seiner methodologischen Studien versucht der Autor das esoterische Geheimnis der Weihnachtstagung zu enträtseln und in diesem Licht einen Ausweg aus der heutigen Krise der anthroposophischen Arbeit zu finden.

Als Buch zu bestellen oder als freier Download erhältlich auf www.methodosophia.org

Die Ereignisse in der Ukraine und ein mögliches Szenario der Zukunft

1. Teil

Bei dieser Schrift handelt es sich um eine Untersuchung der aktuellen Ereignisse in der Ukraine auf Grundlage der geschichtlichen Symptomatologie in Anwendung der allgemeinen Methode der anthroposophischen Geisteswissenschaft. Es wird auf geschichtliche, soziale und politische Zusammenhänge hingewiesen, die in der vorherrschenden öffentlichen Diskussion kaum beachtet und besprochen werden, die jedoch beachtenswerte neue Perspektiven ergeben.

Erhältlich in allen Buchhandlungen. ***ISBN 978-3-7347-3996-5 € 12.-***